青春励志文学馆·少年成长智慧故事

没有伞的人，必须 努力奔跑

文祺 段红霞 ◎ 编著

长 春

成长寄语

人的一生，就如同一棵树，而苦难是它的一个分枝；没有苦难，就构不成一个完整的人生。

古语说："天有不测风云，人有旦夕祸福。"谁都不能准确地预测苦难何时会降临到自己头上。面对苦难，有许多人会茫然不知所措，他们感叹"时运不济，命途多舛"，或从此一蹶不振，自暴自弃，但也有人将苦难视为一笔难得的财富。

苦难就如同一扇常年关闭的大门，它把许多自卑怯弱者拒之门外；面对有志之士，它却永远敞开。凡能顺利闯入这扇大门的人，都会发现门后是另外一个世界，那里有阳光、鲜花和累累硕果。

王安石在游褒禅山时说过："夫夷以近，则游者众；险以远，则至者少。而世之奇伟、瑰异、非常之观，常在于险远，而人之所罕至焉，故非有志者不能至也。"这样看起来，无限风光还在险峰。只有那些不畏苦难、不怕艰险的人，才能取得最后的胜利，而这样的人，首先就要有站在苦难枝头微笑的勇气。

《老人与海》是一本能使人乐观、微笑面对苦难的书。一个生活在海边的老人，以捕鱼为生，他一生经历了贫穷和苦难。他少年时在非洲游荡，青年丧妻，老年无子，大字不认得几个，幸运也很少光顾他。这个老人的形象仿佛就是那个时代所有贫苦百姓的缩影，他辛勤劳作了大半辈子，到老了却还是孤苦伶仃，只有一个善良的孩子有时会来陪伴他。

故事主要讲述了老人一次极为凶险的捕鱼经历。老人历时三天三夜，捕到了一条比渔船还大的重达100磅的马哈鱼，他驾着小船从远离海岸线的地方回到海港。在途中击退了数次鲨鱼的袭击。回到岸上，他本人身负重伤，巨大的马哈鱼也早被鲨鱼吞食得只剩一副骨架。

故事的结局是极不完美的，老人历尽艰险却空手而归，幸亏平日里他积累了大量的经验，否则他也要葬身大海了。这实在是一个不平凡的老人，在他饱受风霜摧残的外表下所隐藏的，是一个永不磨灭的年轻乐观的灵魂。因为老人始终拥有一种乐观积极的心态，所以他一次次地在苦难中挺立了过来。

当时的老人是无助的，他唯有靠自己摆脱险境。一个没有伞的人，如果置身大雨之中无处可躲，他必须努力奔跑，才能尽早逃离雨境，进入他的舒适区。

人生犹如一场大雨，如果没有伞，请努力奔跑！

目录 Contents

第一章 相信自己，笑对挫折

先克服自卑，才能树立自信 …………………………………… 002
相信并欣赏自己，你才能活出精彩 …………………………… 006
相信自己的价值，是人生的第一要义 ………………………… 010
心中永存希望，人生不会迷失方向 …………………………… 015
在挫折面前，保持笑对的心境 ………………………………… 019
突破消极心态的阻碍，保持积极的心态 ……………………… 023

第二章 要想有所收获，先要付出努力

付出是一种快乐，也是一种能力 ……………………………… 028
只要努力耕耘，就会有所收获 ………………………………… 031
在努力的过程中，要学会与人分享 …………………………… 034
付出真诚的善意，收获甜美的果实 …………………………… 037
只要你坚持去做，没有什么不可能 …………………………… 041

没有伞的人,必须努力奔跑

第三章 学会与人交往,你才能活出精彩

善待每一个人,你也会得到善待 046
说话办事讲究礼节,别人才会喜欢你 050
打开交际与成功之门,需要微笑这把钥匙 054
要想拥有好人缘,从记住对方的名字开始 058
得饶人处且饶人,得理也要让三分 062
把面子留给别人,自己会更有面子 066

第四章 珍惜所拥有的一切,才会活得富足而快乐

播种一片爱心,人间也会变成天堂 070
常将有日思无日,莫待无时思有时 073
想要活得精彩,就要学会爱自己 076
生活是美好的,要过好每一天 079
钱财虽然重要,但健康更重要 082

没有伞的人,必须努力奔跑

第五章 懂放松会减压,你的人生才会快乐

做自己喜欢做的事,你会很放松很快乐 086
不要总为未来担忧,否则烦恼源源不断 089
凡事往好处想,心境自然会轻松 092
把忧虑说出来,就可以解除忧虑 097
追寻轻松快乐无须理由,它本身就是理由 101

第六章 快乐是一种心态,快不快乐由自己决定

你对自己的态度,决定你的快乐与悲伤 106
得到是一种快乐,失去也是一种快乐 110
快乐是一种选择,选择权属于你自己 113
生活需要轻载,简单就是快乐 116
计较得少一点儿,快乐就会多一点儿 119

第一章

相信自己，笑对挫折

伟大的发明家爱迪生曾经说过："自信是成功的第一秘诀。"古往今来，许多人之所以能成功，不是因为他们比别人聪明，也不是因为他们的生存环境比别人好，更不是因为他们的能力比别人强，而是因为他们自信，他们相信自己一定会成功。

先克服自卑,才能树立自信

要有自信,然后全力以赴——假如具有这种观念,任何事情十之八九都能成功。——威尔逊

自卑是人生最大的障碍,每个人都必须成功跨越并找到自信,才能到达人生的巅峰。

自卑和自信在我们心中是同时存在的。自卑是一种病,就像是感冒一样,发作起来会咳嗽、流鼻涕,使人感觉很不舒服,而自信则是在赶走了自卑以后挖掘出来的一种信心。

有位名人曾说过:"人生最大的敌人是自己,自卑的人生注定一事无成,不骄傲的自信是成功的关键。"自卑,就是自己看不起自己,轻视自己。有自卑心理的人,并不一定就是他自己具有某种缺陷或短处,而是不能容纳自己,自惭形秽,常把自己放在一个低人一等,不被自己喜欢,进而演绎成被别人看不起的位置,并由此陷入不能自拔的境地。

古往今来,每一个伟大的人物在其生活和事业中,无不是以自信为先导。拿破仑就曾宣称:"在我的字典中,没有不可能的字眼。"这是何等的自信。正是这种自信激发了他无比的智慧潜能,才使他成为横扫欧洲的一代名将。

1962年,诺贝尔医学奖是由科学家沃森和克里克共同获得的,因为他们提出了DNA双螺旋结构的假说，促进了生物时代的到来。事实上，DNA螺旋结构并不是他们最早发现的。

早在1951年，英国一名叫作富兰克林的科学家，就已经从自己拍摄的X射线衍射图片上发现了DNA的双螺旋结构，他甚至为这一发现做过一次激动人心的演讲。但是，富兰克林生性自卑，他在没有获得同行认同的情况下，怀疑自己的假说是错误的，从而放弃了研究。

可想而知，如果当初富兰克林不因自卑放弃自己的假说，而是坚持下去做进一步的研究，那么他的名字必定会因这个伟大的发现而被载入人类史册，但是因为自卑，他不但错失了这次机会，还让生物科学的进步滞后了几年。

自卑是一种消极的自我评价和自我意识，是个体认为自己在某些方面不如他人而产生的消极情感。事实上，每个人都有自卑心理，只是程度不同而已。没有人会完全达到自己满意或理想化的地步，因此自卑总是存在。

追求成功是人类的本能，人类为成功而来，也为成功而活，但成功的大门并不是所有人都可以开启的，它只为自信的人敞开。

保持信心就如同争取高贵的名誉一样重要，信心是一个人走向成功的最有力的保障。因为生活就是这样，有时决定我们成败的不是能力的高低，而是我们是否有信心，是否相信自己。每个人的能力大小虽然各不相同，但如果一个人拥有了信心，肯定会对他的能力产生影响。

曾经有一个胆小的球员，当他得知自己入选巴西最有名气的桑托斯足球队时，竟然紧张得一夜未眠。他翻来覆去地想："如果发生尴尬的情况，那些明星会笑我吗？即使那些大明星愿意和我踢球，如果他们只是想用他们绝妙的球技，来显示我的笨拙和愚昧，把我当作捉弄的对象，我该怎么办呢？"

第二天，他心怀忐忑地来到桑托斯足球队，本来以为刚进球队只不过是练练传球、盘球什么的，没想到他刚一到，教练就让他上场，而且还让他踢主力中锋，紧张得他半天没回过神来，他几乎是被硬逼着上场的。他只得不顾一切地在场上奔跑，习惯性地接球、传球。当比赛结束时，他发现那些让他深感畏惧的足球明星们，不但没有一个人轻视他，取笑他，反而对他相当友善。于是他恢复了自信，并且很快地融入了团队。

他就是大名鼎鼎的"球王"贝利。

那个在世界足坛叱咤风云，称雄多年，以锐不可当的攻势踢进1000多个球的一代"球王"贝利，没想到当初他竟然是一个优柔寡断、心理素质极差的自卑者。是什么使他获得了成功呢？是恢复过来的自信。

生活中，一个缺乏信心的人，就如同一根受了潮的火柴，是不可能擦亮希望的火种的。有一位研究成功学的专家曾经这样说过："信心是生命和力量，信心是奇迹，信心是创立事业之本。只要有信心，我们就能够移动一座山，只要我们相信自己会成功，我们就一定能赢得成功。"

信心是一种心理状态，可以通过自我暗示培养起来。如果通过反复不断的确认，我们相信会得到自己想要的东西，然后把这个信念传递给潜意识思维，它就会给我们带来成功，因为它的主要任务就是要让我们实现自己想达到的人生目标。它看不到任何障碍，也没有任何限制，它只做潜意识思维让它去做的事情。

成 长 智 慧

一个自信的人，可以正确地认识和面对身边的一切。他们知道自己在做什么，他们能够看到自己的长处，也了解自身的不足。他们总是在不断总结中前进，不断地提高自己，从而越来越自信，最后获得了更多的成功。

相信并欣赏自己,你才能活出精彩

先相信自己,然后别人才会相信你。——罗曼·罗兰

每个人都拥有各自独特的美丽,也有各自衡量美的不同标准。我们无须苟同于他人对美的定义,也不必强求他人认同自己对美的看法。但无论是谁,都应相信自己有与众不同的美丽,这种美丽,只需在自己心中深藏,而无须去别人眼里搜寻,因为美并不全在别人眼里。

小白出生于北方的一个小城,他在 1985 年考进了北京的一所大学。上学的第一天,与小白邻桌的女同学第一句话就问他:"你从哪里来?"小白只是沉默不语,因为在小白的逻辑里,出生于小城镇就意味着小家子气,没见过世面,肯定被那些来自大城市的同学瞧不起。

就因为一个女同学"你从哪里来?"的一句问话,一个学期里,小白都不敢和同班的女同学说话,以致第一个学期结束的时候,很多同班的女同学都不认识小白。很长一段时间,自卑的阴影笼罩着小白的心灵。

1984 年,小张也在北京的一所大学上学。

大部分日子,小张都在疑心、自卑中度过。她疑心同学们都在暗地里嘲笑她,嫌她肥胖的样子太难看。她不敢穿裙子,不敢上体育课。大学结束的时候,她差点儿毕不了业,不是因为功课太差,而是因为她不敢参加体育长跑考试。

在后来的一次电视节目中,小张对小白说:"要是那时候我们是同学,可能是永远不会说话的一对。你会认为,人家是北京城里的姑娘,怎么会瞧得起我呢?而我则会想,人家长得那么帅,怎么会瞧得上我呢?"

其实,在这里我们所说的小白就是能对着全国电视观众侃侃而谈的中央电视台的著名节目主持人白岩松。小张也就是中央电视台的著名节目主持人张越。

他们都曾经为自己的出身或外形而自卑过,但最后他们都取得了成功,成为别人眼中的名人。这就是他们在认识自卑的危害后,学会了自信的结果。

其实,看不起自己的人,终有一天会变成一个无所作为的人,而且别人也会在不知不觉中轻视他们,看不起他们。显然,这是自作自受。

把自己的能力看得过低,这在生活中并不罕见。有一个男孩,觉得自己万事不如人,觉得自己比别的同学都笨,为此他感到很自卑。其实,本来他把自己弄得有良好的品德,老师和同学们都很喜欢他,但他却畏首畏尾的,以致后来别人对他的看法也都改变了。

生活中类似的事例比比皆是。一些老板认为自己注定要失败,不敢扩大经营规模;公司的职员总认为自己的能力比同事稍逊一筹;年轻的女子美丽可爱,但与邻居女孩相比,自己的社交能力又颇令人失望。这些人来已极为优秀,但在内心里却厌恶自己。

他们的内心焦虑不安,没有自己的主见,在不知不觉中,用别人的判断标准扼杀了自己的信心。

相信自己,欣赏自己,将所有的自卑全部抛到九霄云外,这才是成功最重要的前提。人们常说"事在人为",成功其实就掌握在自己手中,只要我们相信自己能办得到,并着手去做,就有可能实现目标。

欣赏自己的长处,就不会在人生的十字路口前茫然地徘徊,也只有欣赏自己的长处,才能知道该用一份什么样的心情去感受

生活，感悟人生。

"天生我材必有用。"人生苦短，何必为一时的失意和不得志而抱怨生不逢时，怀才不遇呢？欣赏自己的长处，就不会因自己所处的环境而后悔当初的选择，就不会因别人的误解而不再去追求真理的客观存在。

每个人都有自己的优势和长处。正所谓"尺有所短，寸有所长。"如果我们能客观地评价自己，在认识缺点和短处的基础上，找出自己的优点和长处，并以己之长比人之短，就能激发自信心。要学会欣赏自己，表扬自己，就要把自己的优点、长处、成绩，统统找出来，在心中"炫耀"一番，反复刺激和暗示自己"我可以""我能行""我真的行"，这样就能逐步摆脱"事事不如人，处处为难己"的困扰，就会感到生命有活力，生活有奔头，就会觉得太阳每天都是新的，从而保持奋发向上的劲头。自己给自己鼓掌，自己给自己加油，自己给自己戴朵花，自己给自己发锦旗，便能撞击出生命的火花，培养出像阿基米德"给我一个支点，我可以撬起地球"的那种豪迈的自信。

成 长 智 慧

> 欣赏自己的长处，是人生智慧的一部分，是一种理智和超脱。当然，欣赏自己的长处，并不是看自己是鲜花，看别人是枯草，也不是自命不凡，孤芳自赏。欣赏自己的长处，贵在自省，贵在有自知之明。欣赏自己，坚定自信，尽力走好自己的路，人生就会无怨无悔。

相信自己的价值,是人生的第一要义

深窥自己的心,而后发觉一切的奇迹在你自己。——培根

我们每个人都应该有"天生我材必有用"的自信,明白自己立身于世间,必定有着不同于他人的个性和特色。如果一个人不能充分表现和发挥自己的个性,无论是对别人还是对自己,都将是一种损失。

在一次讨论会上,著名的演说家手里高举着一张 20 美元的钞票,面对会议室里的 200 多人,他问:"谁要这 20 美元?"一只只手举了起来。演说家接着说:"我打算把这 20 美元送给你们中的一位,但在这之前,请准许我做一件事。"说着他将钞票揉成一团,然后问:"谁还要?"仍有人举起手来。

演说家又说:"那么,假如我这样做又会怎么样呢?"他把钞票扔到地上,又踏上一只脚,并且用脚碾它。随后他拾起钞票,钞票已变得又脏又皱。"现在谁还要?"还是有人举起手来。

"朋友们,你们已经上了一堂很有意义的课。无论我如何对待这张钞票,你们还是想要它,因为它并没贬值,它依旧值 20 美元。人生路上,我们会无数次被自己的决定或逆境击倒,备受欺凌甚至被碾得粉身碎骨。我们觉得自己似乎一文不值,但无论发生什么,或将要发生什么,在上帝的眼中,我们永远不会丧失价值。在他看来,无论肮脏或洁净,衣着齐整或不齐整,我们依然是无价之宝。生命的价值不取决于我们的所作所为,也不仰仗我们结交的人物,而是取决于我们本身。我们是独特的——永远不要忘记这一点。"

多年前的一个夜晚,一个叫亨利的青年移民,站在河边发呆。那天是他30岁的生日,可他不知道自己是否还有活下去的必要。亨利从小在福利院里长大,他身材矮小,相貌平平,讲话又带着浓重的法国乡下口音。他一直瞧不起自己,认为自己是一个既丑又笨的乡巴佬,所以连最普通的工作都不敢去应聘,他没有工作,也没有家。

就在亨利徘徊于生死之间的时候,与他一起在福利院长大的好朋友约翰兴冲冲地跑来对他说:"亨利,告诉你一个好消息。"

"好消息从来就不属于我。"亨利一脸悲戚。

"不,我刚刚从收音机里听到一则消息,拿破仑曾经丢失了一个孙子。播音员描述的相貌特征,与你丝毫不差。"

"真的吗?我竟然是拿破仑的孙子?"亨利一下子精神大振。联想到爷爷曾经以矮小的身材指挥千军万马,用带着泥土芳香的法语发出威严的命令,他顿感自己矮小的身材充满了力量,讲话时的乡下口音也带上了几分高贵和威严。

第二天一大早,亨利便满怀信心地到一家大公司应聘去了。

20年后,已成为这家大公司总裁的亨利,查证自己并非拿破仑的孙子,但这早已不重要了。

上帝在造就每个人时,都会赋予其独特的个性或特征,因此,我们大可不必为自己的相貌或其他方面的与众不同而苦恼、自卑。相反，我们应该觉得很幸运，因为我们是独一无二的。

安勒很小的时候随父母从意大利搬到了美国，在汽车城底特律度过了悲惨的童年，痛苦和自卑在他身上打下了不良印迹。他那碌碌无为的父亲告诉他："认命吧，你将一事无成。"这个说法令他很沮丧，他总是想着自己苦闷的前程。

有一天，母亲告诉他："世界上没有谁跟你一样，你是独一无二的。"从此，在他心中燃起了希望之火，他认定他是第一，没有人能比得上他。自信奠定了他成功的基础。他第一次去应聘，那家公司的秘书要他的名片时，他递上一张黑桃Ａ，结果他立刻得到了面试的机会。经理问他："你是黑桃Ａ？"

"是的。"他说。

"为什么是黑桃Ａ？"

"因为Ａ代表第一，而我刚好是第一。"

这样，他被录用了。

后来安勒真的成功了。他真的成了世界第一，他1年推销出1425辆车，创造了吉尼斯世界纪录。安勒每天临睡前都要重复说几遍"我是第一"，然后才入睡。这种鼓励性的暗示坚定了他的信心和勇气，他的个性得到了有力的强化。

海伦·凯勒从小双目失明，又聋又哑，她的一生就是"自信"的写照。她在安妮·沙利文女士的悉心培养下，克服了多重残障，学会了阅读、写作与说话，她在大学以优异的成绩获得学位，并取得了一系列的荣誉。她的毅力震惊了世界上所有的人，她成为全世界青少年学习的榜样，她带给众多处境艰难的人以信心和勇气。

　　从以上几位成功人士的故事中，我们可以得出这样的结论：很多时候，生活中的我们总是被许多表象所迷惑，在经历了一些挫折和困难之后，就认为自己一无是处。其实，更多的时候，我

海伦·凯勒

们只是忽视了自己的价值。一个人的价值不在于他的家庭，也不在于他的相貌，而在于他的能力和水平。关键我们要相信自己，相信自己的价值，这才是人生的第一要义。

成 长 智 慧

如果一个人连自己都不相信自己，就不要指望别人能够相信你。要相信自己一定能行，相信自己是独一无二的。具有强烈自信心的人，能够承受住各种考验、挫折和失败，无论身处何种境地，都要有"天生我材必有用"的自信，这种自信必将会使我们受用一生。

心中永存希望,人生不会迷失方向

强大的勇气、崭新的意志——这就是希望。——路德

生活是面镜子,你对它哭,它就对你哭,你对它笑,它就对你笑。如果有人问,现在有两道门,打开第一道门,只会得到20%的幸福;打开第二道门,可能会得到100%的幸福,但也有可能会打乱甚至失去原有的幸福。你打开第一道门之后,还准备打开第二道门吗?懂得生活的人会选择打开第二道门,如果不试怎么会知道是否会幸福呢?其实这扇门就是:希望。

希望,不仅是人生奋斗的远大目标,对平凡生活的一个小小期待,更是生命之舟的原动力,是补充能源的加油站。它可以将我们引向辉煌,也可以将我们诱入歧途,它创造了一个个大大小小的故事,它蕴藏着震耳欲聋的哲理。

人生的道路上难免会有坎坷,面对生活中的大小困难,如果心中没有希望,就犹如船只在黑暗的大海上行驶没有指明灯,很容易迷失方向。一次失败不代表永远的失败,只要给自己希望,就能从失败中站起来,从而走向成功。

希望是我们的心灵信仰,是我们的心灵支票。美国著名作家怀特说过:"生命中,失败、内疚和悲哀有时会把我们引向绝望,但不必退缩,我们可以爬起来,重新选择生活。"失败不是人生的滑铁卢,即使我们在这里失败了,还可以从其他地方找到成功之路,只不过,我们必须有勇气爬起来。一次失败,并不能给自己判死刑,也不能否定自身存在的价值,给自己希望,就是给自己成功的机会。

在逆境中,只有给自己希望,才能激起自己追求目标的勇气,并支撑鼓励自己继续坚持下去;在绝境中,只有给自己希望,我们才能发挥求生的本能,而不是坐以待毙。屈原被放逐而赋《离骚》,司马迁受宫刑乃作《史记》,如果不是他们毫不退却,给了自己希望,中国历史上就会少一段千古绝唱,一部史书著作。

其实,只要我们心中有一颗希望的种子,我们就有可能创造

司马迁与《史记》

出奇迹。同时我们也要时刻提醒自己，希望只是希望，要想让它盛开希望之花，得到希望之果，我们只能用勤奋去浇灌它。

美国有一家报纸曾刊登了一则园艺所重金征求纯白金盏花的启事，在当地一时引起轰动。高额的奖金让许多人趋之若鹜，但在千姿百态的自然界中，金盏花除了金色的就是棕色的，能培植出白色的金盏花，不是一件易事，所以许多人一阵热血沸腾之后，就把那则启事抛到了九霄云外。

一晃就是20年，一天，那家园艺所意外地收到了一封应征信和一粒纯白金盏花的种子。当天，这件事就不胫而走，引起轩然大波。

寄种子的原来是一个年逾古稀的老人，老人是一个地地道道的爱花人。当她20年前偶然看到那则启事后，便怦然心动。她不顾八个儿女的一致反对，义无反顾地干了下去。她撒下了一些最普通的种子，精心侍弄。一年之后，金盏花开了，她从那些金色的、棕色的花中挑选了一朵颜色最淡的，任其自然枯萎，以取得最好的种子。次年，她又把它种下去。然后，再从那些花中挑选出颜色更淡的花的种子栽种……日复一日，年复一年。终于，在我们今天都知道的那个20年后的某一天，她在那片花园中看到了一朵金盏花，它不是近乎白色，而是如银如雪的白。一个连专家都解决不了的问题，在一个不懂遗传学的老人手中迎刃而解，这可以说是一个奇迹。正是因为这位老人心中拥有希望，她才有了当时的成就。

人生不能没有希望，所有的人都生活在希望当中。假如真的有人是生活在无望的人生当中，那么他只能是个失败者。有的人很容易在遇到一些失败或障碍时,悲观失望;或在残酷的现实面前,失掉活下去的勇气;或怨恨他人,结果落得个唉声叹气、牢骚满腹。

其实,身处逆境而不丢掉希望的人能找到活路,其内心能体会到人生真正的欢乐。保持希望的人生是有力的人生,失掉希望的人生,则会走向失败之路。希望是人生的力量,心里一直怀有美梦的人是幸福的,也可以说只有心怀希望活下去,才能创造自己的幸福人生。

成 长 智 慧

希望是土里的种子,是黑夜的光亮,是冬日的期盼,是沙漠里的绿洲。正因为其珍贵,维持起来更加困难重重。因此,呵护希望之花要有忘却过去的决心和面对现实的勇气。在现实生活里,我们要当最勇敢的水手,无论风浪险滩,都应珍藏最初的希望。

在挫折面前，保持笑对的心境

不经巨大的困难，不会有伟大的事业。——伏尔泰

人人都会遇到挫折，而且挫折会给人们带来痛苦，这种痛苦往往又来自心底，比肉体疼痛更加残酷。然而，挫折又是一种挑战和考验，英国著名哲学家培根曾说过："超越自然的奇迹多是在对逆境的征服中出现的。"挫折的背面是痛苦，但"痛苦与欢乐又处于同一深度"，因此生活道路上有挫折就有痛苦，有痛苦就有欢乐，没有人能把它们截然分开。

我们做一件事，总希望多一点欢乐少一点痛苦，多些顺利少些挫折，这是自然的，但事实似乎总爱捉弄人，总爱给人以更多的失落。

有这样一则故事。

草地上有一个蛹，被一个孩子发现并带回家。过了几天，蛹上出现了一道小裂缝，里面的蝴蝶挣扎了好几个小时，身体似乎被卡住了，一直出不来。天真的孩子看着里面蝴蝶那痛苦挣扎的样子于心不忍，便拿起剪刀把蛹壳剪开，帮助蝴蝶破蛹而出。然而，由于这只蝴蝶没有经过破蛹前所必须经过的痛苦挣扎，以至于它出壳后身躯臃肿，翅膀干瘪，根本飞不起来，不久就死了，自然这只蝴蝶的欢乐随着它的灭亡而消失了。尽管这是自然现象，但于瞬间人生，道理是一样的。承受欢乐必先承受痛苦、磨炼、挫折、挣扎，这些都是一个人成长必经的过程。

对于挫折只能去面对它，正视它，坚持自己心中必胜的信念，相信这些挫折不算什么，再大的险阻困难也能承受，才有可能迎来成功。历史上的名人志士哪一个没有在自己的生命之旅中受过挫折？正所谓："不经一番寒彻骨，怎得梅花扑鼻香？"只有坚定信念，勇敢去挑战挫折的人，才有可能拨云见日，踏上成功的大道。

史蒂芬·霍金1942年1月8日出生于英国的牛津，这是一个特殊的日子，现代科学的奠基人伽利略正是逝世于300年前的同一天。霍金在牛津大学毕业后即到剑桥大学读研究生，这时他被诊断患了"卢伽雷氏症"，不久，他就完全瘫痪了。

1985年，霍金又因肺炎进行了气管手术。此后，他完全不能说话，依靠安装在轮椅上的一个小对话机和语言合成器与人进行交谈，看书必须依赖一种翻书页的机器，读文献时需要请人将每一页都摊在大桌子上，然后他驱动轮椅如蚕吃桑叶般地逐页阅读……霍金正是在这种一般人难以置信的艰难中，成为世界公认的引力物理科学巨人。

霍金在剑桥大学任牛顿曾担任过的卢卡逊数学讲座教授之职，他的黑洞蒸发理论和量子宇宙论不仅震惊了自然科学界，并且对哲学和宗教也有深远的影响。他经过数年的辛勤写作和修改，于1988年4月正式出版了宇宙论科普著作《时间简史》。

医生曾诊断身患绝症的霍金只能活两年，他之所以能支撑到2018年并取得卓越成就，最主要的原因是他具有强烈的使命感和极其坚强的意志。霍金的一生,是人类意志力的纪录,是科学精神创造的奇迹。

只有那些经不起风浪,不敢接受挑战的人,才会被挫折吓倒。对于心中充满了热情,怀有坚定信仰的人,挫折不过是一顿午饭中吃出来的一粒小石子,第一次咬到时也许是碰痛了牙齿,但只要辨清它的方向,确定它的位置,就可以把它从口中的食物中分离出来,并抛弃它。

巴雷尼小时候因病成了残疾,母亲的心就像刀绞一样,但她还是强忍住自己的悲痛。她想,孩子现在最需要的是鼓励和帮助,而不是妈妈的眼泪。母亲来到巴雷尼的病床前,拉着他的手说:"孩子,妈妈相信你是个有志气的人,希望你能用自己的双腿,在人生的道路上勇敢地走下去。"从那以后,妈妈只要一有空,就帮巴雷尼练习走路,做体操,她常常被累得满头大汗。

有一次,妈妈得了重感冒,她想,做母亲的不仅要言传,还要身教。尽管发着高烧,她还是下床按计划帮助巴雷尼练习走路。豆大的汗水从妈妈脸上淌下来,她用干毛巾擦擦,咬紧牙,硬是帮助巴雷尼完成了当天的锻炼计划。体育锻炼弥补了由于残疾给巴雷尼带来的不便。母亲的榜样作用,更是深深地教育了巴雷尼,他终于经受住了命运对他的考验。

他刻苦学习,成绩一直在班上名列前茅。最后,他以优异的成绩考入了维也纳大学医学院。大学毕业后,巴雷尼以全部精力,致力于耳科神经学的研究。最后,他终于登上了诺贝尔生理学和医学奖的领奖台。

挫折能够锻炼一个人的承受能力,因为有了它才能时刻提醒着我们何处跌倒，就从何处爬起来，继续往前走。这个世界从来不缺乏因为一个大挫折而成就了一个大人物的故事。一个挫折往往可以使人们从中学到许多的东西，明白自己的不足。如果成功是一门学科，那么挫折就是一位老师，他善于用反面事例和材料教育人们明白成功的必备条件，从而使人们更好地获得成功。

成 长 智 慧

人生路途漫漫，挫折总是有的。但一切挫折，只不过是我们通往成功道路上的一颗绊脚石。别为自己的挫折感到伤感，要相信生命因挫折而精彩；别为自己的坎坷感到忧愁，要相信人生因坎坷而充实。笑一笑，就如遇到幸福和快乐那样高兴吧。

突破消极心态的阻碍，保持积极的心态

积极的心态，包含触及内心的每件事情——荣誉、自尊、怜悯、公正、勇气与爱。——福克纳

人的心态就好比是一块磁铁，能吸引那些与它本身相似的东西。如果一个人总是想着贫穷和疾病，那么，这种心态就会给他带来心理上的疾病；如果一个人总是想着自己一生的艰难，那么，这样的心态就会使他一生不会拥有成功、财富和幸福。

一场雨后，一只蜘蛛艰难地向墙上的蛛网爬去，但墙壁太湿太滑，蜘蛛爬上一段就掉了下来。可是，掉下来的蜘蛛又接着往上爬……屡爬屡掉，屡掉屡爬。

在这个时候，第一人看见了，长叹一声说："我这一生不正如这只蜘蛛吗？忙忙碌碌无所得。"于是，他日渐消沉萎靡。

第二个人看见了，说："这只蜘蛛真笨，为什么不从旁边干燥的地方绕过去呢？我们每一人都不要像蜘蛛那样的愚笨。"于是，他渐渐变得聪明了。

第三个人看见了，却被蜘蛛屡败屡战、坚持不懈的精神所感动。于是，他便想：一个人如果能从失败中站起来，那么他一定能够东山再起，重创伟大的事业。结果他成功了，成就了一番令人羡慕的伟业。

成功并不是梦想，失败也并不可怕，这就要看我们对成功与失败的态度了。对于社会中的成功人士，他们的第一主张就是要平衡心态，让积极的心态成为自己成功的动力。我们也要向成功人士学习，用积极的心态看待失败与成功的关系。失败能给我们更多的教益，使我们经过锻炼，变得聪明起来。只要我们保持积极乐观的心态，增强自信心，从失败中吸取教训，不做失败的奴隶，一定会反败为胜，取得成功。

有个叫玛赛尔的女子，曾陪同从军的丈夫一起来到拉美的一片沙漠之中。当丈夫外出训练时，她常常孤零零地独自住在被沙漠包围着的铁皮房子里，有时，甚至很长时间也收不到丈夫的一封来信。她深感寂寞，虽然当地有土著人、印第安人和墨西哥人，但他们都不懂英语，无法陪她说话，所以她深感痛苦。

恰在此时，远方父母的一封来信给了她极大的鼓舞。信极短，却充满了哲理："两个人从牢房的铁窗望出去，一个人看到了坟墓，另一个人却看到了星星。"

父母的来信短促而有力，却让她心头一震，玛赛尔终于明白了父母的良苦用心，她决定要在沙漠中找到"星星"。

于是玛赛尔开始努力地和当地人交朋友，而当地人也热情地和玛赛尔交流。渐渐地，她开始对当地人的纺织品、陶器表示感兴趣，而当地人也很大方地把自己最喜欢但又舍不得卖给观光客的纺织品和陶器都送给了她。玛赛尔研究仙人掌和各种沙漠植物，又学习有关土拨鼠的知识。有时间的时候，玛赛尔还和当地人一起观看日落，寻找几万年前，这沙漠还是海洋时留下来的海螺壳，她的生活发生了巨大变化，原来难以忍受的环境变成了令人兴奋、流连忘返的奇景。

第二年，她还将她的收获整理成文，出版了一本名叫《快乐的城堡》的书。她兴奋无比，她果然在漫无边际的寂寞中找到了"星星"，她再也不必长吁短叹了。

每个人都处在一定的社会环境和自然环境中，长期以来，很多人似乎已习惯于认为是环境制约了自己，其实，真正制约自己的并非是环境，而是自己的心态。在通往成功的路上，能否有一个积极的心态，直接影响着我们对周围事物的理解。

卡特和弗明同时被公司解雇了，这如同"晴天霹雳"。

卡特在找不到其他工作时，就自己做起了小生意。这是他第一次当老板，做自己以前并不想做、也不熟悉的事情。虽然面临很多的困难，但卡特却突然觉得生活更有意义，更具有挑战性，并认为这一切都是"晴天霹雳"带来的好处。

面对失业，弗明却选择了沮丧、颓废，他不愿重新去找工作，也不愿像卡特那样自谋生路，而是一味地怨天尤人，终日咒骂上帝的不公。

若干年后，卡特和弗明在大街上相遇了。这时的卡特作为一个施舍者，向街边一个年老的、衣衫褴褛的乞丐递过去 10 美元，而那个伸着双手，跪在地上的乞丐正是弗明。

当初同样的境遇，两人面对"晴天霹雳"的不同心态，才造就了他们今天的天壤之别。

在现实生活中，常常有这样一些人，当他们受到挫折后，马上就会失去信心。因为他们未能认识到：只有那些拥有积极的心态并努力不懈的人才能取得成功。的确，成功取决于心态。一个总是怀着消极心态的人很难受到成功的垂青。所以说，要想超越自己，取得成功，就必须突破消极心态的阻碍，始终保持一种积极的心态。

成 长 智 慧

积极的心态，是人类最大的法宝，是心灵的健康营养，也是成功最基本的要素。树立积极的心态，会使我们摆脱消极心理的困扰，成为一个快乐的强者。

第二章

要想有所收获，先要付出努力

"将欲取之，必先与之"这句话道出了付出的真谛。一个人要想"取"，就要先"与"。例如，要想在工作上做出成绩，就必须先要付出心血和汗水；要想得到别人的帮助，就必须先要去帮助别人；要想得到别人的爱，就必须先要去爱别人，等等。世上没有不劳而获的午餐。在生活和工作中，要想有所收获，先要学会付出。

付出是一种快乐，也是一种能力

凡可以献上我的全身的事，决不献上一只手。——狄更斯

有一个孩子手里拿着一个橘子，问："妈妈，为什么橘子不能拿来就吃，而要剥皮呢？"母亲告诉孩子："那是橘子在告诉你，你想要得到东西，不是伸手就能得到，而是要付出相应的劳动。"孩子又问："为什么橘子里的果肉是分成一小瓣一小瓣的，而不是完整的呢？""孩子，那是橘子在告诉你，生活的甘甜和幸福，是用来慢慢享用的，是一小瓣一小瓣慢慢品味的，而不是用来挥霍的，更不是用来浪费的。这也就是告诉你，要懂得珍惜生活的甘甜和幸福。橘子果肉长成一瓣一瓣的，另外一个用意，也是在告诉你，你手中的东西，不能独自占有，而要懂得与人分享。如果你手中有一个橘子，就要懂得把橘子分成很多份一小瓣一小瓣，然后分给别人与你一起共享。"

这是很美也很淳朴的一段母子对话。母亲是想让孩子明白这样一个道理：获取要付出劳动，东西要与他人分享。母亲饱含人生哲理的话，为我们阐明了付出劳动的快乐，道出了给予他人就能拥有欢笑的心语。

母亲教育孩子如此，对于每一个正在努力进取的人来说，道理也是一样的。

付出是生活和工作的需要，虽然有时我们会觉得有一些累，但如果换种方法思考，我们的付出就会成为一种美好的享受。付出有时候不一定都会有回报，但所有的付出一定是值得的。有句话说得好："我们失去了什么，也会从另一个方面得到什么，我们在这里付出了努力，也许会从那里得到回报。"

当你经过几个不眠夜赶出一份企划书交给领导，并得到领导的夸奖时，你一定会欣喜，因为这是对你智慧和才华的认可，尽管没有什么特别嘉奖，你已经足够高兴了；当你为准备一桌饭菜而累得腰酸背痛时，一句"这菜真好吃！"就会令你忘了劳累；一位母亲，当她用百般的爱心呵护幼小的孩子学走路，学说话，听到第一声稚嫩的"妈妈"时，幸福的感觉会让她忘记曾经分娩的剧痛。

一个人的付出，其意义很宽广也很深厚。可以说，付出于人于己都是一种快乐，同时，学会付出也是一个人的一种能力。为什么这么说呢？一位哲人曾说过这样一句关于付出的话："最后，你会发现你帮助的并不是他人，而是你自己。"付出是一种获得人脉的能力，也是一种创造生活的能力。

向他人无条件地付出，会使他人的心中充满感恩之情。感恩可以促使一切美好的事物循环发展，你会发现这种循环的力量是非常强大的。

当你无条件付出的时候，美好与自私的内在形成鲜明的对比，让你更加清醒自己的自私面和匮乏面。意识到自己的这些内在限制之后，就可以将它们放下。

当一个人只想着要如何得到时，那么能量就会在身体中形成阻滞。当一个人可以全然地付出时，这就意味着自身的能量开始流动循环了。

当无条件付出时，给自己的暗示就是一切都是丰足的。我们有足够的空间和机会创造自己想要的一切。相反，吝啬的心态在人的潜意识中所暗示的就是："我是匮乏的，我无法创造自己想要获得的一切"。

综上所述，我们应时刻记住这样一句话：付出总会有回报，付出使我们感到快乐，付出也是一种大智慧。

成长智慧

一个懂得为别人付出的人，一定会为自己和别人带去一份欢乐，这种快乐只有甘心为别人付出的人才能体会到。这种不求回报的付出，更会为一个人带去意想不到的精神和物质财富。付出是一种能力，付出是快乐的。

只要努力耕耘，就会有所收获

> 我没有别的东西奉献，唯有辛劳、泪水和血汗。——丘吉尔

"一分耕耘，一分收获。"普通而又平凡的一句话，却是无数智者，在走过无数坎坷和道路后，所悟出的一句饱含着智慧结晶的创造幸福和财富的至理名言。上天对每个人都是公平的，而人与人之间的区别就在于我们真正为自己和他人"耕耘"了多少。

在美国的某个都市，一名女士搭了一辆出租车要到某个目的地。

这位女士上车后，发现这辆车不仅外观光鲜亮丽，而且车内的布置也十分典雅，司机先生的服装也很整齐，女士相信这段行程一定会很舒畅。

车子一启动，司机便热心地问她车内的温度是否合适？又问她要不要听音乐或是收音机？司机告诉她还可以自行选择喜欢的音乐频道，这位女士选择了爵士音乐，浪漫的爵士风使她的疲劳顿时减少了许多。

司机在一个红绿灯前停了下来，回过头来告诉这位女士，车上有早报及当期的杂志，前面是一个小冰箱，冰箱中的果汁及可乐如果有需要，也可以自行取用，保温瓶内还有热的咖啡，如果想喝，可以自己倒。

这些特别的服务，让这位女士大吃一惊，她不禁望了一下这位司机，司机先生愉悦的表情就像车窗外和煦的阳光。

目的地到了，司机下了车，绕到后面帮乘客开车门，并递上名片，说声："盼望下次有机会再为你服务。"

不必说，这位出租车司机的生意相当的不错。他很少会空车在都市里兜转，他载过的乘客总是会事先预订他的车，乘客从早到晚络绎不绝，其他司机都向他投来了羡慕的目光。一位平凡的出租车司机，能把一份再平凡、再普通不过的工作做到这种程度，实在是不简单。

在我们的心里，每个人都有一架天平。只有付出了心血和汗水，才能得到想要的东西。也就是说，有了付出，才会有收获。

著名作家冰心在她的一篇散文《腊八粥》中，曾描述了这样一个故事：

一对夫妻勤勤恳恳，他们从早到晚地工作着，过了几年这两口子便富了。但是他们对儿子从小却溺爱过度，使他养成了衣来伸手、饭来张口的坏习惯。不料，老两口为儿子娶的媳妇也是一个好吃懒做的人。

后来，老两口去世了，一对年轻人没有了父母的管束，便整天吃喝玩乐。饿了吃父母留下的粮食，冷了穿父母留下的衣服，这样的日子过了许久。有一年腊八，他俩只剩下了一碗米粥。最后，他们被饿死、冻死了。

《腊八粥》中为我们描述的年轻的夫妇的下场，是不劳而获者的下场。他们心中的那把天平已经失去了平衡，不耕耘，便想收获，这在现实生活中是永远都不可能实现的事情。老夫妻与年轻夫妻的故事形成了鲜明的对比,给我们的启迪是深刻的。

一分耕耘,就会有一分收获。在春天种下一粒种子,到了秋天,就可以收获到果实。不要小看这简简单单的道理,每个人在某些经历中克服困难,刻苦努力,为的就是这来之不易的收获。

在人的一生中,我们好比农夫,播种好比过程,收获好比"果实"。当回首那些"耕耘播种"的经历,人生最大的幸福其实就是我们在一次次收获的快乐中不断地超越自己。

成 长 智 慧

一个人只想坐享其成,结局将是悲惨的。如果你想得到什么,就应该去努力,去付出。用心耕耘,你才会得到自己想要的东西。

在努力的过程中，要学会与人分享

如果快乐不能与人分享，这不算是真正的快乐了。——大仲马

在努力奋斗的过程中，我们要学会与人分享。例如，在职场里与同事共患难，以团队的集体力量攻克工作难关固然非常重要，但如果我们还能够做到与同事分享各自的成果，就显得难能可贵了。因为，这种分享能够让彼此相互借鉴经验，相互补充各自的不足以获取更大的成绩。

可是，有许多人不懂这个道理。别的同事成功地完成了某项任务，他不是替对方高兴，反而因自己没有完成或完成得不够完美而心生嫉妒和反感。这样的结果轻则使自己的工作效率降低，心情糟糕；重则影响到整个团队的工作质量。个人各顾各的，大家不能拧成一股绳去工作，就不容易产生整体效果，对于整个团队的发展都是不利的。

学会分享成果，一是在他人获得成果时，要学习他人的优点和克服自己的缺点，让自己跟着他人一起进步；二是在自己取得成果时，不忘与身边的人分享，并帮助比自己能力弱的人进步。两者都是一个互助的过程，都是聪明之举。只有善于分享成果，大家才能共同进步，大家都进步了，整个团队才能进步，整个公司才有发展。

从前，有两个饥饿的人得到了一位长者的恩赐：一根鱼竿和一篓鲜活肥美的鱼。长者要求他们各选一样东西，于是他们中一个人要了一篓鱼，另一个人则要了一根鱼竿，得到东西后他们就分道扬镳了。得到鱼的人在原地用干柴架起了篝火，迫不及待地煮起了鱼，不一会儿，连鱼带汤就被他吃了个精光。不久，他便饿死在空空的鱼篓旁。另一个人则提着鱼竿忍饥挨饿，继续一步步艰难地向海边走去，还没等他走到海边，他身上的最后一丝力气也用完了，他带着无尽的遗憾离开了人间。

同样有两个饥饿的人，他们同样得到了长者恩赐的一根鱼竿和一篓鱼。只是与前面两个人的情况不同的是，他们并没有马上各奔东西，而是走到一起，试图商量出一个最好的办法，争取尽快找到大海。于是，他俩结伴上路了。他们饿了的时候，每次只煮一条鱼，经过漫长的跋涉，他们终于来到了海边。从此，两个人开始以捕鱼为生。几年后，他们盖起了房子，有了各自的美满家庭和可爱的子女，还拥有了自己的渔船，过上了幸福安康的生活。

上述故事中，有两组小团队，他们都是十分饥饿的人，而且他们都得到了长者给予的同样的恩赐，但却出现了截然不同的两种结果。第一组两个人得到鱼和鱼竿后各奔东西，根本没有试图去分享对方的所得，结果两个人最后都被饿死了；而第二组的两个人得到同样的鱼和鱼竿后，却能够凑在一起，分享各自的成果，并且一起想办法用这些成果去创造更大的成果。结果，他们成功了，过上了幸福的生活。从上述故事中，我们能够看出懂得分享的重要性。

在为追求目标而努力的过程中,如果没有相互的给予、付出和努力,我们就很难取得更大的成绩。当一个人只顾眼前的利益,并且自私地不与他人分享自己的成果时,那么他所得到的只能是短暂的小欢乐;当一个人目标高远,勇于面对现实,善于与他人合作和分享时,那么他就会收获更多的成就。

成 长 智 慧

在通过努力取得成绩时,有的人不愿意与身边的人共同分享,这实际上是一种不利己的做法,在别人眼中也是一种自私的行为。我们要学会与别人分享自己的成绩和果实,这样做不仅为自己带来了快乐,更会得到别人的理解和帮助,进而会收获更多更大的果实和成绩。

付出真诚的善意，收获甜美的果实

> 精神健康的人，总是努力地工作及爱人，只要能做到这两件事，其他的事就没有什么困难。——弗洛伊德

付出，其实很容易。对于我们身边所有的人来说，一个善念、一句好话、一个善意的回应，甚至是一个微笑，都能给他人的内心带去一缕阳光、一份感动。每个小小的付出，从小的方面来说，可以拉近我们的亲情、友情，从大的方面来讲，还可以提高企业和公司的业绩，促进社会的和谐与繁荣，甚至可以消除种种人为的灾难。

付出就是要将心比心，多替他人着想，付出就是要从最小的善事做起。在忙忙碌碌的城市生活中，由于紧张的生活节奏，住在同一个楼道里的邻居们甚至都不知道对方姓甚名谁，彼此也显得极为冷漠。但是，下面这个人的讲述却让我们发现了不一样的情景：

"我住在一个小区的三号楼里，我们这一栋楼的邻居都非常友好，有时候，大家经常会聚到一起吃饭，饭桌上浓浓的气氛让每个人都感到了邻里之间的深厚情谊。大家在席间频频举杯，或说上几句祝词，或唱上一首歌曲，表达着各自不同的情意。我儿子是个特难侍候的小淘气，从二楼到五楼，没有哪家的门他没进去过。我出差不在家的时候,三楼、五楼的邻居们就会把我儿子带回他们家吃饭。四楼的刘姐在一座家具城工作,听说我要买沙发垫,虽然她周六休息不在店,但她依然嘱咐店里的售货员,给了我最大的优惠。想想我自己,其实并没有为邻居们做过什么,却能够得到他们那么多的帮助,我心中常常怀着感激之情。所以,只要我打扫房间的时候,我就会顺便把自家和邻居家的楼道打扫得干干净净,而我的这些微乎其微的小举动,邻居们却看在眼里,记在心里,他们常常在大家面前夸赞我。"

俗话说:"远亲不如近邻。"在这个叙述者的描述中,我们

可以感受到，生活中的点滴付出都能够换来人与人之间的相互体贴和关爱。所以，不要忽略了这些生活中的简单付出，正是这些小小的付出，让我们感受到更多的世间真情。

许多时候，我们怎样对待一个人，往往可能影响那个人的一生。有时付出一份真诚的尊重或爱心，常常会产生意想不到的善果。我们可能很难做一个光芒四射的太阳，但我们可以做一缕照亮和温暖他人的阳光，让他人从我们的小小付出中得到鼓励，从而改变自己的人生轨迹。

我们应该用自己的一颗真心对待这个世界里的每个人，发自内心地尊重和爱护每个人，努力付出自己真诚的善意，这样就会收获到甜美的果实。

这还有一个关于付出的故事，值得我们思考。

穷苦的农夫弗莱明，偶然间救了一个快要死亡的小孩。小孩的父亲是一位非常有钱的绅士，他想报答农夫，可善良的农夫不愿接受。后来，绅士得知农夫有一个儿子，但因为贫穷，农夫的儿子没有机会接受良好的教育。于是，绅士便与农夫达成协议：绅士将带走农夫的儿子，让他接受最好的教育。绅士相信如果这个孩子能够像他的父亲那样为人处世，他将来一定会成为一个对社会有用的人。数年过去了，农夫的儿子果然成了举世闻名的大爵士。

一个农夫，没有令人骄傲的身份和地位，却有着一颗善心。他偶然间救了一个小孩的性命，对他来说，这只是生活中的一件小事而已，而事情的发展却让我们看到了这一点点付出所引起的巨大变化。反观一下故事的起源，我们不得不感叹农夫的付出何其有价值。

佛家有言:"修善如春日之草,未见其长而有所增;行恶如磨刀之石,未见其灭而有所损。"一个简单的、美好的善举就像春天的小草一样,虽然看上去是那么微小,但生命力却十分顽强,在我们还没来得及停下匆忙的脚步时,它们已经把春天点缀得美轮美奂了。

所以,不要把对他人的付出看成是一件困难的事情,当你抱着一颗善于为别人付出、奉献的心,在努力奋斗的过程中,一定会收获颇丰。

成 长 智 慧

付出其实是一件很容易的事情,每天为自己多做一点点,为别人多做一点点,这就是付出。只要付出了,就会有收获。

只要你坚持去做，没有什么不可能

只要你决定了并坚持去做，你会把不可能变成可能。——马云

梦想和现实是存在差异和距离的，排除偶然的不确定因素，多数原因是因为我们不敢也不愿意相信虚幻的梦想。但是一些成功人士的经历告诉我们，在这个世界上，只要有梦想，只要持之以恒，就没有什么不可能实现的愿望。

美国著名的成功学大师拿破仑·希尔，年轻的时候有着当作家的雄心壮志。他知道，自己要达到这个目标，就必须精于遣词造句，字词将是他的工具。当时他家里很穷，不可能接受良好的教育，因此，很多朋友都好心劝他，要他放弃不可能实现的愿望。

年轻的希尔存钱买了一本最好的、最完全的、最漂亮的字典，但是他首先做了一件事——找到"不可能"这个词，用小剪刀把它剪下来，然后丢掉。于是，他有了一本没有"不可能"的字典。他告诉自己，没有任何事情是不可能的。

世间的事非常奇怪，人们越是认为不可能的事情，做起来反而越顺手。相反，人们越是认为可能的事情，做起来反倒会磕磕绊绊。这样的事还真不少。

1485年5月，为了实现自己的航海计划，哥伦布亲自到西班牙去游说:"我从这儿向西也能到达东方,只要你们出钱资助我。"当时,谁也没有阻止他,因为当时的人们认为,从西班牙向西航行,不出500海里,就会掉进无尽的深渊。至于说到达富庶的东方,是绝对不可能的。

可是,在他第一次航海成功后,又开始第二次远航的时候,他遇到了空前的阻力,甚至还有人在大西洋上拦截,并企图暗杀他,而原来认为"不可能"的人不再坚持了,并且几乎100%的人都认为哥伦布的航线绝对能够到达富庶的东方。

没有什么是不可能的事情,只要我们敢想、肯做,什么奇迹都会发生。

美国第40任总统——罗纳德·威尔逊·里根也是一个非常自信的人。在成为总统之前,他不过是一个很普通的演员,但他却为自己树立了远大的志向,并相信自己一定可以成为总统。

从22岁到54岁,里根一直在文艺圈工作,对于政界完全是陌生的,更没有什么经验可谈。但当机会来临时,共和党内的保守派和一些富豪们竭力怂恿他竞选加州州长,里根毅然放弃了数年来赖以生存的演员职业,坚决地投入政治斗争中。他凭借自己的信心和勇气以及坚韧不拔的毅力,最终成为美国第40任总统。

无独有偶。韩国前总统金泳三上高中时,在紧挨自己床铺的墙壁上写下了"韩国总统金泳三"这7个字。在他刚写下这行字时,同宿舍的伙伴都嘲笑他,有的人甚至认为他精神不正常。面对伙伴们的冷嘲热讽,金泳三慷慨陈词:"我的目标就是要当上总统,我觉得我最适合这个职位。一个人如果没有远大的志向,那只能是平庸之辈。特别是搞政治的，如果没有当总统的野心，那他注定无能。"最终，金泳三通过自己的努力，当上了韩国第十四届总统。

越是大多数人认为不可能的事，越是有可能做到。细细想来，这话确实很有道理。看似不可能的事，肯定是件十分困难、甚至让人难以想象的事。因为太难，所以畏难；因为畏难，所以根本无人问津，谁也不去关注，谁也不去攻击，谁也不去设防。因此，不可能实现的事，一般都没有竞争对手，而第一个去尝试的人正好可以乘虚而入。

美国有个叫笛福森的人，45岁以前一直是个默默无闻的银行小职员。周围的人都认为他是一个毫无创造才能的庸人，连他自己也看不起自己。然而，在他45岁生日那天，他读报时受到报上登载故事的刺激，遂立下大志，决心成为大企业家，从此，他前后判若两人，他以前所未有的自信和顽强毅力，破除无所作为的思想，潜心研究企业管理，终于成为一个颇有名望的大企业家。

事情非常明显，如果不是报上刊载的故事的刺激，笛福森也不可能成为一个大企业家。在这里，刺激起了不寻常的作用。人们常常埋怨社会埋没人才，其实，由于缺乏信心和勇气、自卑、懒惰、安于现状、不思进取，自我埋没的现象也是相当普遍的。如果我们能多给自己一点刺激，多一点信心、勇气、干劲，多一分胆略和毅力，就有可能使自己身上处于休眠状态的潜能发挥出来，创造出令自己也吃惊的成功来。

人的潜能是无限的，我们每个人都有巨大的潜能。在生活和工作中，很多事情不是"能不能"，而是"要不要"。我们真正想要的是什么,然后放手去做,全力以赴,只要我们心中充满信念,充分发挥自己的潜能,就能做到自己想做的。

成 长 智 慧

　　生活中确实有许多的"不可能"驻扎在我们的心头,侵蚀着我们的意志和理想。其实,这些"不可能"大多是人们的一种想象,只要能拿出勇气主动出击,那些"不可能"就会变成"可能"。我们很多时候之所以不能成功,缺乏的不是才能,而是缺乏大胆尝试的勇气。

# 第三章

学会与人交往，你才能活出精彩

在这个世界上，谁都离不开与人交往。与人交往时，要尊重别人，善待别人，还要努力把握好尺度，拿捏好分寸，这样才能不断地为自己积累人脉，从而活出精彩，获得成功与幸福。

善待每一个人，你也会得到善待

善良的心就是太阳。——雨果

一个人要想在社会群体中生存和发展，就必须努力学会善待身边的每个人。这属于道德范畴，也属于职业范畴。无论怎样，我们都应做一个热情、善良、乐于帮助别人的人，这样做不仅可以与身边的人和睦相处，而且还会赢得他人的尊敬和信赖。

洛克菲勒年轻的时候曾经一无所有，像当时许多年少无知的人一样，他到处流浪，得过且过。不过，洛克菲勒怀有十分远大的理想，他希望自己有一天能够有一笔任由自己支配的巨额财富。

他带着这个伟大的梦想，来到了距离家乡很远的一个偏僻小镇。在这个小镇上，洛克菲勒结识了镇长杰克逊先生。杰克逊先生性格开朗，为人热情，而且平易近人，更重要的是，他的心地十分善良。当洛克菲勒需要一些生活用品时，热情的镇长夫人总是会十分高兴地给予帮助，而且镇长还会时不时地让女儿为洛克菲勒送去一些妻子做的可口点心。

一天，当洛克菲勒走出旅馆大门的时候，他看到镇上来来往往的人把镇长家门前的花圃践踏得不成样子。洛克菲勒为此感到气愤不已，他为镇长和这些花朵感到惋惜，于是他站在那里指责那些路人的行为。

第二天，镇长拿着一袋煤渣和一把铁锹来到泥泞的道路上，他用铁锹把袋子里的煤渣一点一点地铺到了路上。一开始洛克菲勒对镇长的行为感到不解，他不知道镇长为什么要替这些践踏自己家花圃的路人铺平道路。可是，很快他就明白了镇长的苦心，有了铺好煤渣的道路，那些路人再也不会践踏镇长家的花圃了。

洛克菲勒在那里停留了一段时间后，由于其他原因离开了那个小镇。不过他知道，自己不是一无所获地离开了，他带着镇长杰克逊告诉自己的一句话从容地踏上了追求梦想的旅程，那句话就是"善待别人，就是善待自己"。直到成为闻名于全美的石油大王，洛克菲勒依然牢牢地把这句话铭刻心中。

善待别人，就是善待自己。一个自私的人，总是不愿意对别人付出任何关爱，所以，他们永远都体会不到来自他人的友情和温暖，而那些胸襟宽广的人则始终生活在幸福和关爱中，这些幸福和关爱既来自于别人，也来自于他们自己。镇长的一言一行，都给洛克菲勒带去了心灵上的感动和影响，同时洛克菲勒也把这种精神运用于他的整个人生和事业之中，并成了他灵魂深处的一部分。凭借着这种精神，再加上自己的努力，洛克菲勒的事业做得很成功，同时也结交了很多有益于他一生的朋友。

在与他人的相处中，我们还要知道这样一件事：把别人尴尬的事情当作故事、笑话四处传扬，是不道德的。虽然只是一个小细节，但是它也会严重地影响一个人的人际关系。生活中，有很多人都特别看重面子，自己的难堪事越少被人知道越好。如果你在这方面不注意的话,那么,就会招致别人的反感。

下面这个故事,对我们很有教育意义。

阿峰早上一到车间便兴致勃勃地告诉同事们,本车间的小李昨天被女友甩了,并且被女友的母亲羞辱了一顿。小李来上班后,大家便一起嘻嘻哈哈地跟小李开起了玩笑,小李心里很不痛快,但没说什么。第二天,厂里开会,小李刚到会议室,便听见阿峰又在跟大家说起小李女友的母亲做得如何如何不对,小李当场沉下脸,拂袖而去,本来一对要好的朋友自此反目成仇。

阿峰的过失提醒我们该怎样去对待别人遇到的难堪事。那就是:不管有无取笑的因素,都不要随意宣扬他人曾经出过的丑,这是对别人应该有的尊重。

在人与人的相处过程中,我们还要学会善待自己的敌人。因为是他们教会了我们如何转逆为顺,如何克服眼前的一切困难,让我们在工作、生活中不断地提高自己,变得更加沉稳冷静,使我们脚下的人生路走得更加宽广。

我们还要学会努力善待那些曾经让我们失望的人。我们要知道,以退为进,也是一种处世策略。懂得宽容,一切矛盾和不开心的事情都会随风而去。

善待身边的每一个人,要求我们先善待自己,才会有能力去善待他人。

其实善待自己和善待别人,也是从两个角度看待同一个过程。只有学会了善待自己,才会用一颗关怀的心去为别人着想;我们去善待身边的每一个人,他人也会以同样的方式来对待我们。要知道:善待别人,才能包容瑕疵;善待别人,才能有信任回报;

善待别人,才能得到更多关爱;善待别人,才能让他人善待自己;善待别人,才能走出自己的孤独世界。学会善待别人,就能拥有一个好人缘。

成 长 智 慧

在生活和工作中,用一颗善良和热情的心对待身边的每一个人,就能少树一个敌人,多交一些朋友。永远以这样的态度对人,就会拥有一个好人缘,就会给生活和事业带来欢乐和意想不到的收获。

说话办事讲究礼节，别人才会喜欢你

名人名言

怀着善意的人，是不难于表达他对人的礼貌的。——卢梭

一个人在说话、办事时是否注意了礼节，留给别人的印象是不同的。

珍妮小姐去参加联合航空公司的招聘。她没有关系，没有熟人，也没有先去打点，完全是凭着自己的本领去努力争取的。结果她被航空公司聘用了，原因说起来其实很简单，就是因为珍妮小姐脸上总是挂着灿烂的微笑。

面试的时候，令珍妮感到十分惊讶的是，主试者在讲话时总是故意把身体转过去背对着她。其实，不是这位主试者不懂得礼貌，而是他在体会珍妮的微笑，感觉珍妮的微笑。因为，珍妮的工作是通过电话完成的，是有关预约、取消、更换或确定航班的事情。

那位主试者微笑着对珍妮说："小姐，你被录用了。你最大的资本是你脸上的微笑，你要在将来的工作中好好地运用它，让每一位顾客都能从电话中体会到你的微笑。"

从珍妮的经历可以看出，一个人是否具有良好的形象和在说话办事时是否注意了礼貌与礼节的问题，与能不能把一件事办好，有很大的关系。

孟子曰："不以规矩，不能成方圆。"人与人之间交往都有

着一定的行为规范,而礼貌,是人际交往中相互表示尊重和友好的行为规范;礼节,则是在日常生活中,特别是在交际场合相互问候、致意、祝愿、感谢,以至必要关照的惯用形式和具体表现。

也许有人会说,社会没有我们想象中的那么复杂,人的感情是很简单的。这样说,固然没有错,但事实上总是那些注意说话办事礼节的人,更能把自己想办的事情办好。

一个不讲究礼节的人,可能会被人认为是没有修养,或者被认为是对别人不尊敬。在人与人交往时,如果一个人给别人留下了这样的印象,显然不利于与他人进行良好的沟通,也不利于生活的愉快和工作的进步。在生活和工作中,良好的礼节会对我们的许多活动产生重要影响,如与朋友交往时,表达对长辈的尊敬时,

教育孩子时，以及在工作中与上司或同事沟通时，或者与客户联系和谈判时等等，这些都是需要我们努力并加以注意的地方。

我们要学会不断地开发、完善和提高自己，然后在适当的时机和场合，将自己最优秀的一面淋漓尽致地表现出来。只有这样，我们的良好形象才能为自己形成一种不可抵挡的魅力，赢得他人的信赖和欣赏。

每个人都要有礼貌地待人，有礼节地与人相处。那么，在实际生活和工作中，应该努力注意哪些礼节问题呢？

1. 要注意着装和修饰

一个人的穿着和外表修饰是很重要的，穿着和自己的工作、气质相符的服装，能为成功办事打下良好的基础。

2. 说话要注意称呼

要学会针对对方的性别、年龄、职业、职务，给予恰当的称呼。称呼还要考虑自己的年龄和身份。

3. 说话要注意使用敬语和谦语

敬语如"您""请""请允许""谢谢""别客气""没关系""对不起""请原谅""打扰您了""麻烦您了""再见"等等。凡是表示希望、请求的意思，可以用"请"。当别人向我们致谢的时候，我们可以说"别客气""没关系"。平时见到朋友或熟人，要主动打招呼，说一声："您早哇！""您好啊！""好久不见了。"分手时，要互道"再见""回头见"。主人对客人说："有空请再来。"而客人婉谢主人送行，可以说："请留步。"

4. 态度要真诚

在人际交往中，每个人都讨厌别人对自己虚伪和不真诚。当你与一个人打交道时，他总是口是心非，你就不会对他有什么好感。初次与人打交道，说话要实事求是，要有依据，不要夸夸其谈，不该说的，尽量不说。

5. 要多读书

多读书，可以不断拓展知识面，不断充实知识量。只有一个知识丰富的人，才能将空洞的礼节演绎成富有生机的行为，才能让别人从内心深处感受到舒适。缺少知识的礼节，只能让人感到做作和空虚。

总之，礼节并不是一时就能够学会的，它需要多观察和学习，需要多方面的知识作为积累，更需要有正确的人生观。在生活和工作中，只要注意礼节，并且努力使自己成为一个有修养的人，那么就会得到更多人的信赖和认可。

成 长 智 慧

在人与人的交往中，一个说话办事讲究礼节的人，总是比一个说话办事不礼貌的人更容易把事情办好。其实，想要成为一个让人喜欢的人并不难，只要对他人真诚，并且在说话办事时讲究礼节就行了。

打开交际与成功之门，需要微笑这把钥匙

名人名言

有一种东西，比我们的面貌更像我们，那便是我们的表情；还有另外一种东西，比表情更像我们，那便是我们的微笑。——雨果

万物如果没有太阳的照耀，便没有了勃勃生机，人与人之间如果没有源自内心的真诚微笑，那么也不会有汩汩流动的温情。虽然我们是哭着来到这个世界的，但是，我们应该微笑着面对人生，面对身边的每个人。

微笑，是洗过脸后的护肤霜，涂在脸上，便愈加美丽动人；微笑是河边的山泉水，流过心田，便倍感温馨和感动。微笑于朋友之间，是心灵的默契；微笑于我们身边的陌生人，是距离的缩短；微笑于我们的亲人，是感情的营养品；微笑于我们的敌人，是强有力的杀伤武器。

在所有的交际语言中，微笑是最有感染力的。微笑是放之四海而皆准的人际交往的高招。一个善意的微笑很快便能缩短与他人之间的距离，表达出自己的善意、愉悦，给他人以春风般的温暖。微笑能使疲倦者得到休息，拘束者得到放松。微笑像一种情绪的调和剂，更是人际关系的润滑剂。

在一个小镇上，有一个很富有的人，但是他并不快乐。

一天，这个富翁垂头丧气地走在路上。这时，对面走来一个

小女孩，小女孩用天真的眼神望着他，给了他一个很甜美的微笑。这个富翁望着孩子天真的面孔，心中豁然开朗。为什么要不高兴呢？能像这样微笑该有多好啊！第二天，这个富翁便准备离开小镇去寻找自己的梦想和快乐，临走前，他送给小女孩一笔巨款。

镇上的人觉得奇怪，问这个小女孩，明明不相识的富翁为什么会送她一大笔钱呢？小女孩天真地说："我什么都没做，只是对他微笑了而已。"

"只是对他微笑了而已。"是啊，小女孩一个善意的笑，换来了富翁一笔巨额的馈赠，令人难以置信，但不得不说的是，小女孩的微笑对于不快乐的富翁而言，的确有着很大的力量，它唤醒了富翁的心灵，让他再一次看到了希望、梦想与快乐。

很多时候，一个发自内心的真诚的微笑，比任何东西更能吸引他人的目光和打动他人的心灵，从而为我们打开交际与成功之门。

威廉·史坦哈是纽约证券交易所的一名证券经纪人。他年轻的时候是个讨人嫌的家伙，他脸上没有微笑，不受大家欢迎。

后来他决定，必须改变对人的态度，他决心要在脸上展现开朗的、快乐的微笑。于是，在第二天早上梳头时，他对着镜子中满面愁容的自己说："你得微笑，把脸上的愁容一扫而光，现在立刻开始微笑。"

于是，史坦哈开始对大楼里的电梯管理员微笑，对大楼门廊里的警卫微笑，对地铁里的售票小姐微笑。当他在交易所时，对那些从未见过他的人微笑，于是，他发现每个人都对他回以微笑。

史坦哈带着轻松愉悦的心情同一些满腹牢骚的人交谈，他一面微笑，一面恭听。一个很讨人嫌的家伙，一下子成为一个受人欢迎的人。很多对他来说很棘手的问题，也变得容易解决了。

毫无疑问，微笑给史坦哈带来了方便，也带来了收入。后来，史坦哈像换了一个人似的，他快乐、富有，拥有友谊与幸福。

微笑，如一缕温和的阳光，能融化冰冷漠然。俗话说，"一把钥匙开一把锁"，而微笑则是一把可以开启心扉的"万能钥匙"，它不花费什么，但却创造出了很多成果。

微笑也是成功路上的契机。一位海外商界的成功人士说："据我的体会，一个人在世界上之所以能做成一点事，有一点成就，奥秘就是：我给别人一个什么表情，别人就回报我一个什么表情。我给一个怨恨，就得到一个怨恨；我给一个善良的微笑，就得到一个善良的微笑。当你给了千百人一个微笑的时候，千百人回报你的也是千百个微笑。这样，你的人生也就成功了。"

这样评价微笑，一点都不为过。由于今天人与人之间关系的多样性，所以展露的微笑也要把握好一个度，这样才能起到最佳的效果。在运用微笑传情达意的时候，需要注意以下几点：

1. 要笑得真诚

微笑既是自己愉悦心情的外露，也是真情的表达。真诚的微笑让对方内心产生温暖，有时候还可能引起对方的共鸣，使他陶醉在欢乐之中，加深双方的友情。

2. 要笑得自然

微笑是发自内心的，是美好心情的外现。要笑得自然，笑得亲切，笑得得体。要注意不能为笑而笑，也不能没笑装笑。

3. 微笑的程度要适宜

微笑是一种礼节，是向对方表示尊重，但是如果不注意程度，笑得放肆、过分、没有节制，就会引起对方的反感。

4. 微笑的对象要合适

对不同的交际对象，应使用不同含义的微笑，传达不同的情感，否则容易适得其反。

在人际关系中，对他人展露真诚的微笑是必不可少的。无论在何种环境下，努力献出你的微笑吧！要知道，对他人投以真诚的微笑，就会为你打开获得友谊、通往成功的大门。

成 长 智 慧

微笑是一种面对生活的态度，也是一种处事法则。微笑可以让人的烦恼在不知不觉中消解，增强自尊心，给人舒适感，使人显得神采飞扬。微笑在我们现实的生活中，是一种万能剂，只需要我们去展现它即可。

要想拥有好人缘，从记住对方的名字开始

记住别人的名字，是与人交往中的首要礼貌。——约翰·洛克

相信许多人都有过这样的经历：别人刚向你介绍完名字，一转眼就忘了人家叫什么了，而等下次再见面时又不好意思再问对方的名字。相反，如果有人见到你时，就亲切地叫着你的名字向你问候，你会有什么感觉呢？你的心里一定会很高兴，觉得他很重视你，你也自然会对他产生好感。戴尔·卡耐基曾说过这样一句话："一个人既简单又最重要的获取好感的方法，就是牢记别人的姓名。"

的确，一个人对自己的名字总是很敏感、很重视。因此，能记住一个初次相见的人的名字，而且再见面时能很快地把对方的名字叫出来，等于是给了对方一个既巧妙又有效的赞美。

安德鲁·卡内基被称为"钢铁大王"，他成功的原因究竟在哪里呢？实际上他对钢铁的了解并不比一般人多。他成功的原因就在于他知道怎样为人处世。

小时候，他就表现出卓越的组织和领导才能。他发现每个人都把自己的姓名看得惊人的重要，而他利用这项发现赢得了别人的合作。有一次，他抓到了一只母兔子，后来他又发现了一整群小兔子，但却没有东西喂养它们。他想出了一个绝妙的法子——

他对邻居的孩子们说，如果他们能找到足够的苜蓿和蒲公英喂养那些兔子的话，就可以用他们的名字命名其中的一只兔子。这个法子太灵验了，因此所有的兔子都活了下来。卡内基对此一直不能忘怀。几年后，他用同样的方法赚了好几百万美元。有一次，他想把铁轨卖给宾夕法尼亚铁路公司，而该公司当时的董事长是艾格·汤姆森。因此，卡内基在匹兹堡建造了一座巨大的钢铁厂，将其取名为艾格·汤姆森钢铁厂。当汤姆森听到这一消息时，他觉得自己很受重视，得到了尊重，便很高兴地和卡内基签订了购买合同。

在这里，不得不夸赞"钢铁大王"过人的才智，但是，我们更应该学习他十分重视别人的名字，并且会利用别人名字做事的方法。

记住别人的名字对一个人的成功有莫大的帮助，同样也使自己多了许多朋友，记住别人的名字在给别人带去惊喜的同时也会给自己的事业带来意想不到的收获。

能准确地叫出对方的名字，会让对方感觉到你在注意他、重视他，这就比较容易赢得对方的好感。顺利地叫出对方的名字特别是不经常交往和只见过一次面的人的名字，对方就会觉得你了不起，同时也会有一种心灵的满足，自然而然地，他就会尽力满足你的需要。

当然，在很多时候，要准确地记住一个人的名字并不是一件容易的事情，尤其是当对方的名字既复杂又拗口时，一般的人都不愿意去记。他们往往是这样想的：算了，下次见面再说吧。而实际上，能顺利地叫出对方的名字才是明智之举。谁都希望别人能叫出自己的名字，无论他是干什么的，和你的关系如何，只要你能大大方方地叫出他的名字，他都会感到无比的喜悦。

在平时要用心记他人的名字，经常想想别人的名字。当然也会有忘记的时候，忘了对方的名字要想办法补救。如果在路上遇到朋友，突然忘了他的名字，那就应想办法弄清楚，记在心里。有个老干部与一个多年不见的战友在街上遇见了，老干部一时竟想不起战友的姓名。分手时，老干部主动拿出纸来把自己的名字、电话、通信地址写下来，然后把笔交给战友，说："来，让我们相互留下联系方式，今后多多联系。"战友也写下了他的名字、住址、电话。此后，战友的名字就镌刻在他的头脑中，再也不曾忘记。

搞好人际关系，并不是一件简单的事情。很多人都在努力地用一些为人处世的方法，使自己拥有一个好人缘。那么，就先从记住对方的名字开始吧！

成 长 智 慧

记住别人的名字，是一种最容易打动别人的方法，也是一种赞美他人的方式。记住别人的名字，会使对方感觉他是受重视的，从而对我们产生一种好感，并愿意主动地与我们交往。

得饶人处且饶人，得理也要让三分

名人名言

忍耐是痛苦的，但它的结果是甜蜜的。——卢梭

孔子云："己所不欲，勿施于人。"这是做人的一个基本原则，礼让、宽容自古以来也是我们的传统品德。不以一己之心度他人之腹，而是将心比心，时刻从他人的角度考虑问题，这是善于为人处世的奥妙所在。其中，"得理也要让三分"是一个非常重要的处世之道。

在现实生活中，得理不饶人比没理还欺负人的现象多许多。有些人以自己得理为由，害得他人痛苦万分，这样的人没有宽广的心胸，更是没有眼光的人，他不知道这样愚蠢的做法终究会让自己吃亏——掉在自己给自己挖好的人生陷阱里。下面这则故事最能体现这一点。

一头笨重的大象正在森林里散步，它一不小心，踩踏上了老鼠的房子，老鼠的房子顿时房倒屋塌。大象为此十分愧疚，它真诚地向老鼠道歉，可老鼠却对此耿耿于怀。一天，老鼠看见大象正躺在地上睡觉，它心想："报复大象的机会来了！虽然大象是个庞然大物，但我至少可以咬它一口，以解我的心头之恨。"可是，大象的皮特别厚，老鼠根本咬不动。这时，老鼠看见了大象的鼻子，于是它迫不及待地钻进大象的鼻子，狠狠地咬了一口大象的鼻腔

黏膜。大象突然感觉鼻子里有点痒，便用力打了个喷嚏，这个喷嚏一下子将老鼠喷出好远，差点没把老鼠摔死。

事后，同类们纷纷前来探望受伤的老鼠，这只老鼠忍着浑身的剧痛，语重心长地对同类们说："大家要记住我的惨痛教训，得饶人处且饶人。"

在与人交往的过程中，不管自己有理没理，得饶人处且饶人，得理也要让三分。如若反其道而行，就会使自己受到伤害。故事中的老鼠便是自作自受的典型，区区一只小老鼠却得理不饶人，不自量力，结果可想而知。

"得理"，顾名思义，就是自己拥有采取行动的充分理由或者攻击他人的得当原因。许多人以为自己得了理，便有了理直气壮的资本，便以此作为自己必胜的武器，这是一种愚蠢的想法。我们要知道，害人终究害己，给他人造成伤害的同时，自己同样不会好过。

在生活中，面对他人的过失，面对他人对我们造成的伤害，最好的做法便是以宽广的心胸去宽恕他人，这样做，不但给了他人一次改过的机会，更使我们自己的心灵得到了升华。

得理饶人是一种大智慧。会得理饶人的人是一个真正的智者。社会如此复杂，人与人之间发生争执和冲突是在所难免的。当有了纷争，即使认为自己是有理的一方，也应该得饶人处且饶人。因为，善待他人就是善待自己。理解他人，宽恕他人，更是一种精神上的救赎。也许，有很多人会不屑此说，认为说起来容易做起来难。那么下面的这则故事就会让你感受到宽恕他人其实并不难。

一辆小汽车不小心撞碎了前面大卡车的尾灯罩,小汽车司机原以为这下闯下大祸了,肯定要发生一场争执了,交通拥堵肯定也在所难免了,但万万没有想到的是,卡车司机十分通情达理,说小汽车司机又不是故意的,大家在路上都不容易,下次多多注意就行了。当小汽车司机将500元赔偿费递给他时,他只按市价收了200元赔款,将余下的300元退还给了小汽车司机。面对这次交通事故,双方都没有为此争个你高我低,更没有恶语伤人,交通也没有因此而受到大的影响,很快就恢复了畅通。

　　这样的交通事故我们经常会看到,但是,能够如上述故事中的事故双方那般处理事情的人却很少,大家往往都会为自己车子的一点损伤争得面红耳赤。结果不但双方心里不舒服,还给路人、交通带来了不必要的麻烦。对于每位司机来说,得理饶人就显得尤为重要了。得理让三分,能够起到化解矛盾、息事宁人的良好效果,既显示出了一个人良好的职业道德和个人修养,也能让我们感受到他的宽容与大度。

在前进的道路上，在努力的过程中，学会给自己、给他人留一条退路，这无论于人于己，都是人生道路上一个不小的收获。

我们在与他人交往的过程中，由于性格和思考方式的不同，彼此之间产生矛盾是在所难免的。这时，我们需要有一种"得理也要让三分"的胸怀，这样才能化解矛盾，才能有利于人际关系的良性发展。

成长智慧

在日常生活中，一个对事情斤斤计较的人，会给人留下不好的印象，也不会有人愿意与他交往；相反，一个得理饶人的人，不仅会给人留下一个好的印象，而且还会受到他人的尊重和认可。得理也让三分，是一种做人做事的大智慧，谁能做到这一点，谁就能少些麻烦，多些顺畅。

把面子留给别人,自己会更有面子

名人名言

礼貌使有礼貌的人喜悦,也使那些受人以礼貌相待的人们喜悦。——孟德斯鸠

有一句话说得好:"打人莫打脸,伤人莫伤心。"倘若我们伤了一个人的心,就少了一个帮助我们的人;如果我们伤了所有人的心,那么自己就成了孤家寡人。

在说话与办事时,注意不要践踏别人的尊严,更不要去故意伤害别人,而应该适时地为陷入尴尬境地的人提供一个合适的"台阶",使他不失面子。这是一种美德,这种美德既能为我们树立良好的社交形象,得到更多人的好感,还能使对方对我们产生感激之情。给对方留足面子,不失为赢得好人缘的一个好方法。

"面子"是人际关系中最基本的调节器,人与人之间是否给面子或面子给得足不足,往往是人际关系和谐与否的重要条件。在与人交往的过程中,我们会关注对方的行为,为了维护自己的个人的地位,我们需要他人对自己给予正面的评价,时时刻刻注意自己的行为是否有面子,他人是否给自己面子。为了获得面子,我们就会设法去做体面的事情,工作上会更加努力等等,来获得他人的赞赏,或者提高自己的社会地位。一个人一旦认为有面子,他以前的行为以及行为中的良好体验,会得到进一步的强化。作为一个现代人,我们需要学会掌握这种做人处事的技巧。

即使是在需要拒绝的情况下，也要学会为对方留足面子。

一位同学，在学校正常上课期间想利用父亲出差的机会随他去泰山游玩，于是他向班主任请假，这当然是违反规定的。如果班主任直截了当地拒绝他，甚至批评他都是可以的，但是，这位班主任却是这样对这位学生说的："能和爸爸一起去泰山游玩，确实是件美事，不过，这几天我们学校要举行作文比赛，我们班还指望你拿名次呢？去泰山游玩的机会多得很，以后再去玩不是更好吗？"这位同学听了班主任的话后说："老师，那我这次就不去了。"他心甘情愿地收回了自己的请求。

这位班主任拒绝得十分高明。在一个集体里，每个学生都是有自尊的，希望自己能在其他同学的心里树立起良好的形象，班主任充分地利用了这一点。

我们都不愿意被拒绝，对方一个断然的"不"字，更有伤情面。所以，在准备拒绝对方时，一定要特别注意礼貌和分寸。

俗话说"顾客就是上帝。"在优质服务方面，沃尔玛堪称典范。创始人山姆·沃尔顿认为："我们要成为顾客最好的朋友，微笑着欢迎有心光顾本店的所有顾客，提供我们所能给予的帮助，不断改进服务，给予他们更好的服务，这种服务甚至超过了顾客原来的期望。"沃尔玛规定，员工要对3米以内的顾客微笑，要认真回答顾客的提问，永远不要说"不知道"，原则上哪怕再忙，都要放下手中的工作，亲自带领顾客来到他们要找的商品前，而不是指一个大致的方向就了事。沃尔玛有条不成文的规定，就是唯一允许迟到的理由就是"服务顾客"。顾客在购物过程中，得到的是尊重，享受的是快乐，拥有的是"面子"，他们没有理由不成为其忠实的顾客。

总之，给别人留足面子，也就更好地掌握了经营事业、生活和人生之道。自己每一天的努力，也就有了一个更高的落脚点。当然，在给足别人面子的同时，其内心也是希望别人能给我们留有面子的。

做好了"面子"这门功课，不但能给足别人面子，而且也会使自己更有面子。

成 长 智 慧

心理学家认为，一种行为必然引起相对的反应行为。的确，在日常生活和工作中，只要有心处处给人面子，我们就会获得更大的面子。如果能把它形成一个习惯，那么我们以后的路也会走得更平坦。

第四章

珍惜所拥有的一切，才会活得富足而快乐

人总是在拥有一只鞋子的时候，才会明白失去另一只鞋子的痛苦。在日常生活中，我们总是觉得失去的东西是最好的。其实，一个人如果不懂得珍惜眼前的一切，那么失去的东西就会越来越多。一个人只有珍惜当下，珍惜所拥有的一切，才会感到自己是富足的，才会得到真正的快乐。

播种一片爱心，人间也会变成天堂

名人名言

只有肚子饿的时候，吃东西才有益无害；同样，只有当你有爱心的时候，去同人打交道才会有益无害。——列夫·托尔斯泰

在古罗马的大斗兽场发生过千百次的人兽相搏，人们早就没有兴趣想象了。至于那里出现过的一次奇迹，也许有的人还不曾听闻。

那次，在斗兽场上，人们把饿了好几天的狮子放了出来。当时，缩在墙角的囚徒罗支莱斯颤抖着拎起长矛，默默地祈祷。他想自己快要完蛋了，但愿狮子能给自己留下一条全尸。

饿极了的狮子一眼就瞅到了墙角里的人，它仰天长啸一声之后，便迫不及待地猛扑上去。罗支莱斯眼睛一闭，把长矛向前一刺，狮子却灵巧地避开了。就在这千钧一发之际，那只狮子突然停止了进攻，并且围着罗支莱斯打起了转。然后它忽然停下，缓缓地在罗支莱斯身边卧了下来，温顺地舔着他的手和脚。全场顿时鸦雀无声，不一会儿猛地爆发出热烈的欢呼声，罗马皇帝也大为惊讶，破例把罗支莱斯叫上看台来询问缘由。

原来在三年以前，罗支莱斯在路边发现了一只受了重伤的狮子，他小心翼翼地给狮子包扎了伤口并照料它直到伤口愈合，才送它回到森林。今天他在斗兽场里遇见的正是那只狮子。

听完了罗支莱斯的讲述，罗马皇帝也大为感动，他立即赦免了罗支莱斯。

人要保持一颗博爱的心，热爱自然，热爱动物，热爱人类。当把爱洒向万物时，也就等于把爱给予了自己。如果我们希望生活得更好更幸福，那么就必须求助于一种更伟大、更仁慈的力量——博爱的力量。

自从霍华德投身于他的监狱改造工作以来，12年过去了。他遍访了欧洲大小城镇的监狱，走过了4.2万公里以上的行程。他为拯救囚犯、病人和无助者，花掉了足足3万英镑。他访问了欧洲，一头扎进地牢里。他深入医院，与传染病搏斗。他探查不幸和痛苦的大厦，测量悲哀、沮丧和耻辱的深度；他记着被遗忘者，照顾被忽视者，问候孤独的人。在他所到的国家，他拯救了众多的痛苦人。

当享受快乐时，请不要忘记，人间正是因为有了无私的奉献和付出，我们的生活才变得这么美丽。

还有一个古代的传说，说的是一名叫巴什尔的修道士，因为触犯了教皇被逐出教会。

他死后，一个天使专门负责在地狱等他，因为他受过处罚，只能在那里为他找一个合适的位置。这个修道士性情温和，而且充满博爱之心，他的语言很能打动别人，所以他无论到了哪里，都会有一大群朋友。即使犯了错误的恶徒，认识他以后也会改过从善；那些善良的人更会慕名而来与他交往。他被发落到了地狱的底层，可是，他去了以后，那里又出现了同样的情形。他的教养和博爱，使任何力量都无法抗拒他，地狱也因为他的到来而有所改变。

最后，那个天使找到了修道士，告诉他说，实在找不到一个可以惩罚他的地方，什么都改变不了他，他还是那个善良、博爱的巴什尔。最后，只好取消对他的处分，让他进了天堂，并封他做了圣徒。

我们从传说中看到巴什尔是一个有执著爱心的人，他用他的爱心感染着身边的每一个人，并不因为环境的改变而忘记自己善良的天性和博爱之心。

献出我们的爱心，我们也同样会得到回报，我们都渴望生存的环境更加美丽，如果大家都用爱心去浇灌这个世界，那么，我们居住的环境就能成为天堂。

成 长 智 慧

每个人的眼里都有一片天，用它来做什么呢？做梦，做家，做天堂。每个人的心里都有一亩田，用它来种什么呢？种善，种爱，种希望。为自己，为身边的人播种一片爱心，爱心就会把人间变成天堂。

常将有日思无日,莫待无时思有时

> 谁在平日节衣缩食,在穷困时就容易渡过难关;谁在富足时豪华奢侈,在穷困时就会死于饥寒。——萨迪

身在福中要知福。知道自己现在过着一种不愁衣食的生活,是一种难得的福分和快乐。

《唐语林》中有两则吃饼的故事。

唐太宗大宴群臣,宇文士及割肉,割完之后,便用面饼揩手上的肉汁,唐太宗不作声,眼睛斜视着他。不知是这位宇文士及有节俭的习惯还是因为感觉到芒刺在背,总之是不动声色地用饼揩好手,然后从容地把这块饼吃下去了。那一边唐太宗也松了一口气。到了唐玄宗这一辈,国家已经很富裕,宠妃还享用万里飞骑送来的荔枝,但他本人却也很舍不得一块饼。这一回割肉的是太子李亨,他也用饼擦手上的肉汁,唐玄宗看见此举,非常生气,太子竟然用食物擦手,这不是浪费食物吗?但令唐玄宗没想到的是,太子竟慢慢地举起大饼,大口大口地吃起来,唐玄宗非常高兴,赞扬太子说:"福当如是爱惜。""福"在古代是指祭神的酒肉,也泛指食物。"惜福"一词,就是从爱惜粮食这个意思上来的。

为人处世,应有勤劳节俭、冰清玉洁的操行。也只有勤俭,才能永葆廉洁;只有冰清玉洁的操行,才能长久处世。守住节俭并依此修持,贫穷时可以独善其身,富贵时可以善待天下。守住了勤俭,就足以风范于人间,风范于世道。勤就不缺乏财物,俭就知道节余,劳就能进益,节就能知足,这是古代人惜福的方法。在勤、俭、劳、节中,俭是首要的。

元史记载:元世祖忽必烈因为想到成吉思汗创业的艰难,到草原上挖来一盆青草,放在皇宫御座前,他告诉群臣们说,这是节俭草,后世子孙应懂得勤俭的道理。元英宗硕德八剌曾经在御用大安阁看到先祖的遗物、衣服都是用普通的木棉纺织而成,上面还打了补丁,英宗感慨地说:"祖宗创业维艰哪!身上穿的衣服也这样节俭,我哪里敢奢侈呀!"

珍惜福分的人,福常有余;暴殄天物的人,福常不足。所以,老子以俭为宝。并不只是生活中应该懂得节俭的道理,如果所有的事情都懂得节俭,将会收到意想不到的效果。比如,在吃喝上节俭,可以养护脾胃;在嗜好上节俭,可以集中精力;在语言上节俭,可以调养气息;在应酬上节俭,可以养身安神;在思虑上节俭,可以少生烦恼;在欲望上节俭,可以清心养德。凡事俭省一分,便增益一分。这虽然是持身之道,也不失为处世和快乐之道。

俗话说,身在福中要知福。不要小看这福分,不要浪费这福分。一方面要知足,一方面要尽量节俭,这样才不会养成奢靡颓惰的习惯。

旧时,许多长辈告诫子女们说:"老天爷给每个人安排了一定的福分。如果你小时候把福分享用光了,老的时候就会穷苦。"这句教诲对今天的每个人都适用。人应该珍惜自己的福分,慢慢快乐地享用，而不要挥霍。"宁吃少来苦，不受老来贫。"年轻时刻苦一点，年纪大的时候，就多一点享福的可能。俭朴的生活习惯，可以帮助人多些力量去快乐地适应各种环境。

成 长 智 慧

清代李汝珍在《镜花缘》中写道："常将有日思无日，莫待无时思有时。"对经历过艰苦的人来说，尽管现在生活富裕了，但仍应念念不忘过去的艰难困苦。这样，做人才会知足而快乐，才可以安分，才可以不懈地继续努力，也才可以保住既有的财富。

想要活得精彩，就要学会爱自己

自我热爱远非缺点，这种定义是恰当的。一个懂得恰如其分地热爱自己的人，一定能恰如其分地做好其他一切事情。——哈利法克斯

有一首歌叫《爱自己》，其中有这么一段唱词："最孤独的时候，不会有谁来陪伴你，最伤心的时候，也没有人来呵护你。只有你自己，经历着一些必经的经历；只有靠自己，才能回答一些生命中的难题……"

事实的确如此，人这一生总有许多时候没有人可依靠，即使是最亲爱的父母和最真诚的朋友也不会永远伴随我们。我们拥有的关怀和爱都有随时失去的可能。这时候，我们必须学会为自己修枝、浇水、施肥，使自己成长为一株笔直茂盛的树。

有个大学三年级的女生，不漂亮，甚至还多少有点丑。她见同班的女同学都有了男友，唯独自己形单影只，感到十分自卑，还常常悄悄地掉泪。

教心理学的老师觉察到了这件事，就假冒一个男生的名义，给她写了一封匿名的求爱信。信的内容大体是这样的：

尊敬的某某：

冒昧地给你写信，你该不会因此而红颜大怒吧？

很久了，很久了，我一直在默默地观察你。你是个极有特色的好女孩儿——当你的女同胞接二连三地有了男友，你却一如既往地保持着女性的庄重，与你的女同胞比，你显然比她们更有内涵，更有古典色彩，更为严谨。因此，在我的心目中，你格外神圣、格外圣洁。自然，也正是因为你格外庄重、格外严谨，我才不能放肆失礼——请恕我暂时不公开我的姓名，但我肯定会天天关注着你，在得到你的认可之前，就让我从一个遥远的地方，小心翼翼地、满怀希冀地看着你吧！

没有你，我将失望至极！

我坚信，在未来的期末考试中，你将凯歌高奏！到了那时，请准许我真诚地为你高兴，行吗？你那灿烂的天使般的笑容，将使我变得格外欢欣鼓舞。

一个盼望着得到你青睐的极善良的男同胞
某月某日

那个原来自卑的女孩，自从收到了这封信，就重拾了勇气和信心——她抬起了自己高贵的头，她的步伐从此充满了自信，她不再暗自垂泪，她开始懂得珍惜自己，并且奋发图强。到了年终，她以全优的成绩得到了全班同学的一致赞美，而且人也变得越来越漂亮、动人，脸上的笑容也越来越灿烂、迷人了。

故事虽然很感人，但在感动之余，不禁让人感慨：人有时候真是太脆弱了，似乎总习惯于把精神支柱建立在某种事物之上，或是需要通过别人的语言和感情才能肯定自己、热爱自己。如果有一天，这世界上没有一个人关怀你、爱护你、鼓励你，那个时候，我们该怎么办呢？

只有懂得珍爱、珍惜自己，我们才能爱社会、爱生活，才能改变心情，从阴雨连绵的日子中走出来；只有懂得爱自己，我们才能在最痛苦无助、最孤立无援的时候，在必须独自穿行黑洞的雨夜、没有星光也没有月华的时候送自己一朵鲜花，自己给自己撑一把避雨的伞，自己给自己一个明媚的笑容。然后，怀着美好的情感和愿望活下去，坚韧地走过一个又一个阳光明媚的早晨。

也许有人会说这是"阿Q精神"，可是，如果这样做能获得长久的、真实的快乐，那又有什么不好呢？因为，这并非出于一种夜郎自大的无知和狭隘，而是源于对生命本身的崇敬和珍爱，更是一个人自信和自强的体现。它可以让我们的生命更为丰富和健康，让我们的灵魂更为自由和强壮，让我们在无房无居的时候，亲自去砌砖叠瓦，建造出我们自己的宫殿，成为自己精神家园的主人。

成 长 智 慧

学会爱自己，是对自己的一种尊重，它可以让我们的生命更加丰满和健康，可以让我们的灵魂更为自由和矫健，也可以让我们成为自己精神的主人。在今天强大的压力下，我们要学会爱自己，保养自己的身心，这样我们才会生活得更健康快乐。

生活是美好的，要过好每一天

相信生活，它给人的教诲比任何一本书籍都好。——歌德

1998年，全世界上演了一部感动无数人的影片，那就是《泰坦尼克号》。普通而平凡的杰克，在晚宴上道出的"生活是美好的，过好每一天"的人生观，使那些富人惊诧万分。因为，他们整天忙忙碌碌，却没有想过"过好每一天"这一简单而又重要的问题。

时间对每个人都是公平的，无论富商权贵，还是平民百姓；身体健康抑或百病缠身；也不管是忙忙碌碌，还是闲庭信步；上天给予每个人的一天都是24小时，不多一分，也不少一秒。

金钱可以积累，知识可以积累，但时间却无法积累。你可以积攒一大笔钱，以备不时之需，你可以不断地增加自己的知识，以适应迅猛发展的世界，然而你却不能积攒一些时间以备紧急情况下使用。所以，时间是世界上最宝贵的东西。

一个年轻人，因为少年时的一次车祸，很早就坐上了轮椅。他的下肢已经彻底瘫痪，他只能每天手摇着轮椅，摇来摇去。他身边的很多人都替他惋惜，天哪，像他这样将在轮椅上度过一生的人，人生对他而言还会有什么乐趣呢？但他却根本不这么想。

每天早上，他都很早起床，把脸洗得干干净净的，然后穿上一件运动服，兴致勃勃地摇着轮椅到离他家不远的那片杨树林里，同那些晨练的人们一起伸伸胳膊、扭扭腰，有时还会亮开嗓门唱一唱，有时也会快乐地学几声鸟叫。中午和下午时，他会把轮椅摇到他家的巷口，满脸笑意地同街坊邻居们说笑。所有认识他的人都很惊讶，不明白像他这样不幸的人为什么会有那么多的笑意和快乐。

我们许多人都有如意的工作，都有幸福的生活，还有健康的身体，我们有许多足以让他羡慕不已的东西，但我们时常沮丧和不开心，而他那么不幸，为什么却那么开心和快乐呢？

一天清晨，和我们有共同感受的他的一个邻居和他在那片杨树林里相遇了。他虽然吃力地摇着轮椅，但嘴角依旧洋溢着笑意，他衣帽净洁、整齐，甚至打着漂亮的领带。面对满脸阳光的他，身边的邻居忍不住向他提出了心中的疑问。年轻人听了，微笑着对他的邻居这样说："每一天都是生活给予我们的一份礼物，拥有这份礼物，我们还有什么理由可以不幸福和快乐呢？"

人生是单向的，生活不会让我们再回头品尝一次，如果不愉快地度过今天，就再也不会有这段时光了。生命是有限的，过一天就少一天。所以，只有过好独一无二的每一天，我们才不会留下虚度光阴的遗恨。

每一天都是生命的一份礼物，只要拥有这份珍贵的礼物，我们还有什么值得忧伤和痛苦的呢？我们为什么不能笑着生活和工作呢？

每天早晨醒来，告诉自己，这是新的一天，新的开始，我要高高兴兴地迎接这一天……一切都会是最美好的。

成长智慧

生命中的每一天都是独一无二的，一天过去了，就永远不会再回来。把每一天看作是上天赐予我们的一份礼物，珍惜它，感激它，利用它，我们就会让每一天都充满喜悦，充满希望。

没有伞的人,必须努力奔跑

钱财虽然重要,但健康更重要

名人名言

金钱可以是许多东西的外壳,却不是里面的果实。——易卜生

人要成就事业赚大钱,除了才干、机遇之外,另外一样更重要的东西,那就是健康。

很多年轻人身体好、精神足,可以整夜不睡觉,所以他们的概念中没有"健康"这两个字,等到了一定的年龄,他们才慢慢地体会到健康的重要。

一般来说,人到25岁左右身体就停止发育了,换句话说,人过了25岁,就开始衰老了,就好比爬上了峰顶,开始要走下坡路一样。25岁到30岁之间还不太感觉体力的变化,但一到30岁,便会明显地感到体力不如以往,过了40岁,身体会开始出现一些毛病,等上了50岁,情况就更差了。这是一般人的状况,当然也有上了50岁仍然生龙活虎的,不过,也有上了40岁就老态龙钟的。

人身体的变化是无法阻挡的,但偏偏大部分人事业有成都在40岁或是50岁以后,于是出现了两种情况:平时勤于保养身体的,刚好在事业有成的晚年快乐地享受打拼的成果;身体差的人有的因忙碌过度而一命呜呼;有的则缠绵于病榻,无法享受生活的美好。

多年前，有一个小伙子白手起家，他通过努力变成了土豪。之后，他也不工作了，而且生活得极为奢侈，每天大吃大喝，没有健康的概念。结果，不到四十岁，他就疾病缠身，最后花光了所有的钱也没保住性命。

人赚钱除了满足成就感之外，就是为了过好一点的生活，如果为了赚钱而赔上健康，那不是很不值得吗？那又岂是赚钱的目的呢？

所以，人在社会上行走，健康应排在第一位，有健康才有未来，而健康是追求得到的，只要你愿意，你就可以得到它。

赚钱就不同了，还没听说有能随心所欲、想赚多少钱就赚多少钱的人。虽然人们常说勤奋努力就可以赚到钱，这话基本上是不错的，但有时候也会事与愿违，心想与所得不成比例。所以，有人在忙了一天之后会叹气说："赚钱，真难啊！"更有些人就为了那一点钱而废寝忘食，把身子弄坏了。可是也很奇怪，只能说是运气吧，有时候突然之间，钱财滚滚而来，好像不花力气似的。正如一句谚语说的："钱四脚，人两脚。"人追钱费力气，钱追人，逃都逃不过。只要在社会上行走过一段时间的人，相信都会有同感。

所以，对赚钱的事，勤奋努力是对的，但更要考虑健康问题，不要太勉强自己，否则弄坏了身子，明明面前有一堆金子，却无力去拿，那才是人生一大憾事。

那么，怎么去"追"健康呢？

首先，不要把赚钱这件事牢牢地放在心上。因为，这会对你形成压力，压迫你去做超过负荷的工作，这对心理及精神有负面影响，赚钱应顺其自然才好。

其次是节制欲望。在社会上做事，免不了应酬，光是酒就会要人命，很多商界名人都是因为喝酒过度而去世。别以为你年轻，酒对人体的戕害是长期的，当你上了年纪就知道它的厉害了！也许你会说，应酬酒，不喝不行，但你也要知道，有很多人根本不喝酒，还不是一样做老板，赚大钱！

此外，也要时常活动筋骨。所谓"活动活动，要活就要动"，你可依据个人的体能、时间、场所，做各种不同的运动，不要说你太忙，这不是理由。

定期体检也很重要，这是"定期检修"，提早发现问题，可避免形成大问题。

如何保持健康，要领并不只以上所说的这些，但有一点可以肯定，只要你有心，就可以追求得到。至于钱，可以慢慢赚，有了健康，还怕赚不到钱，享受不到快乐吗？

成 长 智 慧

我们身边，很多人常爱说这样一句话：没啥别没钱，有啥别有病。这是每一个人的良好愿望。然而，当我们努力挣钱的时候，又往往忽略了自己的健康。其实，在人的一生中，健康远比金钱更重要。因为，只有拥有了健康，一切才皆有可能。

第五章

懂放松会减压，你的人生才会快乐

无论是工作上还是生活上，每个人都面临着大大小小的各种压力，以至于让很多人吃不好，睡不好，心情不好。人所能承受的心理压力是有一定限度的，当压力过大时，身心就会出现一系列的问题。我们每个人都要学会为自己减压，学会放松自己，这样我们才能感受到快乐，才能保持身心健康。

做自己喜欢做的事，你会很放松很快乐

只要你有一件合理的事去做，你的生活就会显得特别美好。

——爱因斯坦

有一名机械师不喜欢自己的工作想转行，却迟迟下不了决心，因为他已经做了20几年的机械师，如果突然换一份其他的工作，会感到很不适应，尽管他不喜欢，却无法抛开累积了20多年的机械专业知识。

他想改变，但又抛不开过去的包袱，自然无法突破。

这是个矛盾，既然知道自己不喜欢，就应该果断地做出决定：转行！做自己喜欢的事情是令人兴奋和快乐的，也更容易激发自己的想象力和创造力，并最终取得卓越的成就。

要改变自己目前的状况，要让自己更有自信，要让自己做事更有成效，我们就必须做出更好的决定，采取更好的行动。

很多年前，一位名人讲过一句话："你一定要做自己喜欢做的事情，才会有所成就。"

做自己喜欢做的事情，其实是很困难的。多数人都在做他们讨厌的工作，却又必须逼自己把讨厌的事情做到最好。

他们经常失去动力，时常遇到事业的瓶颈，而没有办法突破；他们不断地征求别人的意见，却还是按照原来的方式行事，凡事

没有进展，原地踏步，这些当然不是他们想要的，但是由于种种原因，他们当中却很少有人试着改变自己的状况。其实，要找到自己真正喜欢的工作，只要把自己认为理想和完美的工作条件列出来就一目了然了。

一位颇有名气的心理学专家，从16岁到21岁，陆陆续续地换了18份不同的工作，可是每次换工作之前，他从来都没有仔细想过："我到底要的是什么？"后来他发现，自己有一个特点，就是从小到大他一直很热心，很喜欢帮助别人。同学数学不会，他利用课余时间教他；别人篮球打得不好，他自告奋勇地陪他练习。

在一个很偶然的机会，他参加了一个激发心灵潜力的课程，带给了他非常大的震撼。他发现，自己上了那么多的课程，学习了那么多的资讯，却没有一个可以比得上他的老师安东尼·罗宾（著名成功学大师），在短短的8小时当中，所分享给他的那么多。

他想，假如自己以后也能做这样的事情，把一些真正对人们有帮助的资讯，不管用何种渠道，书籍也好，录音带也好，或是录像带也好，分享给那些需要它们的人，那该有多好啊？他知道，这就是他毕生所寻找的工作。

他曾经听安东尼·罗宾这样说过："世界上的每一份工作都很好，但是，没有任何一项工作，比我目前所做的更有意义。"

这句话让他决定，要一辈子做这件有意义的事情，经过七八年的努力，他终于在这个行业崭露头角，让非常多的陌生人和他的学员，得到非常具体的帮助。

每个人都必须当机立断，做自己喜欢做的事情，当知道自己已经走错方向时，就要及时地调整方向，才会达到理想的目的地。如果明知错了还要继续走，最终只会一败涂地。我们每天有许多事可做，但有一条原则不能变，那就是一定要做你喜欢做的事。

成 长 智 慧

很多人工作压力大而且还十分繁忙，拥有一份轻松快乐的心情也随之成为一件难事，当然，这其中与没有做自己喜欢的事和工作有直接关系。只有当我们选择了自己爱做、愿意做的事情时，压力才会减少，才会感到快乐。

不要总为未来担忧,否则烦恼源源不断

整天为未来担忧的人没有未来。——莎士比亚

有一个制作成衣的商人,因为经济不景气,生意日渐低迷,商人为此终日郁郁寡欢、愁眉不展,每天吃不香睡不着。

细心的妻子将丈夫的郁闷看在眼里,她不忍丈夫这样被烦恼折磨,就建议他去找心理医生看看,于是他前往心理诊所看心理医生。

医生见他双眼布满血丝,便问他:"怎么了,是不是受了失眠之苦?"成衣商人说:"是呀,真叫人痛苦不堪。"心理医生开导他说:"别急,这不是什么大毛病。你回去后如果睡不着就数数绵羊吧。"成衣商人道谢后离开了。

一个星期之后,他又出现在心理医生的诊室里。他双眼又红又肿,精神更加萎靡了,心理医生复诊时非常吃惊地问:"你是照我的话去做的吗?"成衣商人委屈地回答说:"当然是呀!还数到三万多头呢!"心理医生又问:"数了这么多,难道还没有一点睡意?"成衣商人答:"本来是困极了,但一想到三万多头绵羊有多少毛呀,不剪岂不可惜?"心理医生于是说:"那剪完不就可以睡了?"成衣商人叹了口气说:"但头疼的问题又来了,这三万多头羊的羊毛所制成的毛衣,要去哪儿找买主呀?一想到

这，我就又睡不着了。"

这个成衣商人无疑是现代社会中高压人群的真实写照。他们因为受到过去的影响，以至对不可预知的未来产生了极度的恐慌。不能不说，这是一群可怜的人，何必为一些没有发生的事情烦恼、忧虑而不快乐呢？

有一个人以为自己得了癌症，便跑去看医生。

医生问他："你觉得哪里不舒服？"

他回答说："好像没有哪里不舒服。"

医生又问："你感觉身体哪里疼？"

他说："感觉不到疼。"

医生又问："你最近体重有没有减轻？"

他说："没有。"

"那你为什么觉得自己得了癌症？"医生忍不住这么问他。

他说："书上说癌症的初期毫无症状，我正是如此啊！"

对这种人，富兰克林·皮尔斯·亚当斯曾以失眠做比喻。他说："失眠者睡不着，因为他们担心会失眠，而他们之所以担心，正因为他们不睡觉！"

马克·吐温晚年时感叹道："我的一生太多时候在忧虑一些从未发生过的事。没有任何行为比无中生有的忧愁更愚蠢了。"

的确是这样，做人做事，想得长远一点不失为一件好事，但杞人忧天，总是把自己放在一个比较长远的位置，则不能不说有些愚蠢了。

有些事想得太远，还长期地把自己放在一个十分遥远的位置，那么，这对一个人来说就形成了无休无止的压力，烦恼自然也就跟随而来。不要忧虑太多不该忧虑的事，不要把有些事想得太远，这样才能心静，才能快乐。

成 长 智 慧

一个人有烦恼，应该说都是自找的，也就是通常我们所说的"杞人忧天"。其实，凡事都应该顺其自然，而不要把自己总是放在一个十分遥远的位置，为未发生的事担忧。看得开，看得透，对事情抱着超然洒脱的态度，我们才能使自己快乐起来，把事做好。

凡事往好处想，心境自然会轻松

名人名言

凡事往好处想，往往就能变成好事。——陈安之

几年前，有一名巡回推销员在又暗又偏僻的路上，发觉自己汽车的轮胎破了，需要更换，但他手上没有千斤顶。他看见一家农舍里透着光，于是向前走去借，但他一边走，一边在心里盘算："要是没有人来应门""要是他们没有千斤顶""要是他即使有，也不借给我。"这样一想，就越想越烦躁。在农家门打开时，他一拳打了过去，嚷道："你留着你那千斤顶好了！"

这个故事讽刺了那些失败主义者，读来令人发笑。但你是不是也常常这样想："事事总是不如我愿。""我一定无法准时做好的。""我老是把事情弄得一团糟。"这些话对你一生的影响，比任何其他力量都大。无论你喜欢与否，在你的人生旅途上，这些思想就是你的领航员。要是思想灰暗悲观，你的一生也注定会是如此，因为你那些消极泄气的话根本不能给你什么支持鼓励，只会打击你的自信心，令自己压抑而苦恼。

简言之，要有一份快乐的好心情，凡事就要往好的方面想。下面是一些可行的方法，希望能对你有所帮助。

1. 不要给自己灌输消极的思想

苏珊第一次去见她的心理医生，一开口就说："医生，我想

你是帮不了我的，我实在是个很糟糕的人，老是把工作搞得一塌糊涂，肯定会被辞掉。就在昨天老板跟我说我要被调职了，他说是升职。要是我的工作做得好，干吗要我调职呢？"

随着谈话的深入，苏珊慢慢地说出了她的真实境况。原来她在两年前拿了个MBA学位，有一份薪水丰厚的工作。这哪能算是一事无成呢？

针对苏珊的情况，心理医生要她以后把心里想到的话记下来，尤其是在晚上睡不着觉时想到的话。在他们第二次见面时，苏珊写下了这样的话：

"我其实并不怎么出色。我之所以能够冒出头来全是侥幸。""明天定会大祸临头，我从没主持过会议。""今天早上老板满脸怒容，我做错了什么呢？"

她承认说："仅在一天里，我就列下了26个消极思想，难怪我经常觉得疲倦，意志消沉。"

苏珊听到自己把忧虑和害怕的事念出来，才发觉自己为了一些假想的灾祸浪费了太多的精力。如果你感到情绪低落，可能是因为你也像苏珊那样，总是在给自己灌输消极的思想。建议你听听自己内心说的话，把这些话说出来或写下来。久而久之，你会发现许多消极的念头都是多虑，你便能控制自己的思想，而不是被思想套牢了。到了那个时候，你的思想和行动也会改变。

2. 剔除消极词句

芙兰在心里常常对自己说："我只是个秘书。"马克则常提醒自己："我仅仅是个推销员。""只是"和"仅仅是"这些字眼不但贬低了他们的工作，也贬低了他们自己。

把消极的字眼剔除掉，你便能找出你给自己带来的损害。对芙兰和马克来说，"只是""仅仅是"正是罪魁祸首。一旦剔除掉这些字眼，变成"我是个秘书"或"我是个推销员"，它们的含义就大为不同了，而且在后面还可以接上一些积极的话语，例如"我可以干得比别人好些"，这样你对生活就会充满信心。

3. 立即摆脱忧患意识

只要消极的想法一出现，你就应该用"停止"的口令，把它打消掉。

"我该怎么办，如果……"停止！

在理论上，叫停很容易办得到，但实际上做起来可并不那么简单。你必须不屈不挠，才能奏效。

文森20多岁，未婚，在一家大公司担任行政主管，他工作勤奋。母亲在他小时候过世了，他由父亲抚养成人。父子俩相处得很融洽，但他父亲对他呵护备至，给文森填了满脑子的忧患意识。文森长大后也这样，以致凡事都要忧虑一番。

他很倾慕同部门的一位女同事，很想约她外出。但他的忧虑使他踌躇不前："跟同事约会是不大好的"，或"要是她不答应，那教人多么难为情。"

后来文森遏制了内心的忧虑，向女同事提出约会。她显得很高兴，但她随后却问："文森，为什么你等那么久才来约我？"

4. 突出积极的一面

有这么一个故事，一个人去看心理医生，医生问他说："你觉得什么地方不对劲？"

"祖父两月前去世，留给我7万5千美元；上个月一个表亲去世，留下10万美元给我。"

"那你还有什么不开心的呢？"

"这个月我一美分也没得到！"

一个人情绪低落，看什么事都是灰暗的，所以你下决心驱掉心魔之后，应该立刻以积极进取的思想填补。

有个人这样叙说自己的体验："每天晚上，我躺在床上总是睡不着，思潮起伏：'我对孩子是不是太苛刻？客户打来的电话我回了没有？'最后，我实在忍受不住了，干脆不去想令人心烦的事，而是回想和珍妮在动物园一起度过的快乐时光，我记得她对着猩猩大笑的样子，不久我脑海里全是美好的回忆，很快便进入了梦乡。"

5. 改变自己的思考方向

你可能会有这样的经历：一天下来，你感到不大开心，但突然有人对你说："我们出去逛逛吧。"还记得当时的心情怎样豁然开朗起来吗？改变思考方向，心境也会轻松起来。

现在就改变一下自己的思考方式。你精神紧张是因为有项工作必须在星期五完成，而你打算在星期六和朋友一起去买东西。那么就把自己的心情由"星期五的工作"转为"星期六的寻乐"吧。

你应该多练习这种技巧，把痛苦焦虑的心情转化为积极解决难题的态度。要是你乘飞机总担心发生空难，那么就在飞行途中，想一些地面上能分散你注意力的事情。

改变你的思考方向，你便能学会从不同的角度来看自己和周围的事物；要是有一件事你认为是可做的，改变思考方向可增加你成功的机会。乐观会推动你向前，而忧虑则会使你陷入困境。

我们知道人的想法不同时，他们的感觉和行动也会不同。这主要在于人能不能控制自己的思想。正如诗人弥尔顿在《失乐园》中所写的：思想能令天堂变地狱，地狱变天堂。

要知道，快乐心情的主动权全在于你自己的看法。

成 长 智 慧

一位哲人曾说："快乐的最好方法就是凡事都先往好处想。"悲观者视困难为陷阱，乐观者视困难为机遇，结果就有了两种截然相反的人生。凡事往好处想，就能让自己快乐起来，就会看到希望。

把忧虑说出来，就可以解除忧虑

不管发生什么，你都会活下来。——罗伯特

心理分析家们研究发现，一个人只要将心中的想法说出来，就可以解除心中的忧虑。为什么会这样呢？或许是因为说出来之后，自己就能够更清楚地看到自己的问题，发现更好的解决方法。这个问题至今没有一个准确的答案，但实践证明：把心里的不痛快吐露出来，就能立刻使人觉得畅快多了，感觉就像给自己打了一针强心剂。

威廉·奥斯勒爵士的学生约瑟夫·普雷拉博士在临床诊断中发现了一个问题：在那些来波士顿医院就诊的女患者中，经过严格的检查发现，大部分患者生理上根本没有病。比如有个女患者说自己得了关节炎，她的双手根本无法活动；还有一个女患者说自己得了胃癌。在给她们进行彻底的医学检查之后发现，她们在生理上没有任何毛病。医生们断定："这是她们脑子里有病。"

普雷拉博士决定开设应用心理学实验班，帮助这些心理有毛病的女患者。

这种实验以前没有先例。实验开始后，医学界纷纷表示怀疑。但是，实验的结果却出乎人的意料。这个实验班一开就是很多年，成千上万的人在参加实验后从中受益，她们的病情得到了改善。

一个有着九年学龄的妇女说，当初之所以到这个班上来，是因为她深信自己患有肾病和心脏病。那时她心里充满了忧虑和紧张，有时候她甚至会看不见任何东西，这又让她担心自己会不会变成一个盲人。现在，她十分快乐，也十分健康。她说："那时候我甚至想一死了之。在参加实验班之后，我明白了忧虑对人的危害，学会了该怎样消除忧虑。我觉得我现在的生活充满了幸福和快乐。"

实验班认为减轻忧虑最好的药方就是"向你信任的人讲出你的问题"。这个班的医疗顾问罗斯·班婷大夫说："病人在这里，可以把她们的问题全部讲出来，直到这些问题在脑子里被全部清除。我们都知道，一个人独自埋头忧虑会导致精神上的伤害。在这里，我们要让别人分担我们的忧虑，同时我们也要分担别人的忧虑。我们必须让她们都有这样一种感觉：在这个世界上，还有

人愿意听她们的话，愿意了解她们。"

实验班里发生了一个又一个奇迹。一个妇女说她有很多家务事方面的烦恼，她每天都像是在做苦工一样。她在开始把这件事讲出来时，她给人的感觉就像是一个被压紧的弹簧。讲着讲着，她的内心就平静了下来。她讲完时，她的脸上露出了微笑。

她之所以能发生这样的改变，是因为她在讲出自己的烦恼后，获得了一定的释放，同时也获得了一些同情和忠告。而促成她发生这样改变的原因就在于具有治疗功能的语言。

所以，当我们碰到生活中的难题时，不妨找一个人好好谈一谈。当然，找倾诉的对象不是随随便便的，不是让你在路边随便拉住一个人，就把肚里的苦水往外倒。我们要找一个值得我们信赖的人，他也许是你的亲属，或者是一个朋友、医生……然后找一个合适的时间，对那个人说："我十分希望得到你的忠告。我被一个问题困扰了很长时间，希望你有耐心能听我谈一谈，然后给我一点忠告。你作为一个局外人，或许能发现或看到我所看不到的问题。即使你不能给出什么意见，但只要你能坐在那里听我讲完这件事，也是对我莫大的帮助。"

心理学家们通过调查还进一步发现，所有的人都容易向异性的朋友吐露心声，从而达到解除内心忧虑的目的。在日常生活中，每个人难免有情绪低落之时，职业、收入、恋爱、婚姻、家庭等许多因素都会对人的情绪产生巨大影响，会让人们紧张、焦虑及忧郁等。当我们出现这种情况时，可以去寻找一个异性朋友（不一定是你的婚恋对象），倾诉心中的烦恼。

对男性来说，女性是他们的最佳倾诉对象。女性善解人意，心细温柔，更容易理解和体贴对方的处境和痛苦。男性在女性面前更容易敞开心扉，能够更加坦率地说出内心的烦恼，许多在同性面前不愿意披露的隐私，可以毫无顾忌地表露出来。

同样，对于女性来说，男性也是最出色的听众。女性往往会将她们的苦恼不加保留地告诉自己的知心男友，以找到解决办法。这主要是因为男友会对她的痛苦表示出深切的理解，而在同性之间，她们就不易获得这种感受。

有烦恼时，不要闷在心里，找一个值得信赖的人聊聊吧，这会使你如释重负，不再忧虑。

成 长 智 慧

生活中，许多人总是将烦心的事情深藏于心底，不肯坦白地说出来。其实，这种办法是很不妥当的。内心有忧虑烦恼，应该坦白地讲出来，这样做不但可以使自己从心理上找出一条出路，而且还有助于恢复理智。把不必要的忧虑除去，同时也会找到消除忧虑、抵抗恐惧的新方法。

追寻轻松快乐无须理由,它本身就是理由

世界上没有比快乐更能使人美丽的化妆品。——布雷顿

轻松、快乐、关爱、宁静等体会既是我们谋取成功的手段,同时也是生命本身的目标之一,轻松快乐本身就是幸福。生活的智者告诉我们:追寻轻松快乐无须理由,它本身就是理由。追寻轻松快乐无须回报,它本身就是回报。

有个人觉得生活很沉重,便去见哲人,寻求解脱之法。哲人给他一个篓子让他背在肩上,然后指着一条沙砾路说:"你每走一步就捡一块石头放进去,看看有什么感觉。"过了一会儿,那人走到了沙砾路的尽头。哲人问他有什么感觉。那人说:"觉得越来越沉重。"哲人说:"这也就是你为什么感觉生活越来越沉重的原因。当我们来到这个世界上时,我们每个人都背着一个空篓子,而我们每走一步都要从这个世界上捡一样东西放进去,因此才有了越来越累的感觉。"那人又问:"有什么办法可以减轻这沉重吗?"哲人问他:"那么你愿意把工作、爱情、家庭、友谊哪一样拿出来呢?"那人不语。哲人说:"当你感到沉重时,也许你应该庆幸自己不是总统,不是富豪,因为他们的篓子比你的大多了,也沉多了。"

拥有得太少,一个人的行动生活不方便;而拥有得太多,身

心更是感到沉重与疲惫。我们不是为了拥有而追求拥有，就像我们不是为了成功而追逐成功，拥有的多少，当以身心是否轻松快乐为宜。

曾有人讲过这样一个故事。一年寒冬，一位财主的公子和一位美丽而贤淑的姑娘完婚了。新婚没有几日，这位公子就觉得生活很是乏味，又受不得诸多约束，便要休妻。老财主不准，公子就和妻子常常吵闹。一日晚饭后，公子打完了妻子又把室内的家具砸翻在地，他悲怆地说："我的命苦啊！"而那位美丽而贤淑的妻子也不明白自己有何过错，只将身子缩在墙角伤心地啜泣。此时，他俩都成了不幸的人。

当天晚上，一个衣衫褴褛、饥肠辘辘的乞丐悄悄溜进财主的马棚。他偷吃了马的豆饼充饥，又用稻草把自己的身体盖起来取暖，他感到头上有些凉风，就把旁边给牲口喂食的一个瓢扣在了头上，于是头上的凉风也没有了。乞丐觉得自己此时是天底下最幸福的人，他忘了自己只是"客居"他人檐下的寄宿者，竟悠悠然地哼起了小曲，哼完一曲后便慨叹道："我身披稻草头戴瓢，丢下那些穷哥们可怎么着？"

在今天，虽然拥有得越多，事业越大的人越容易获得幸福，但幸福却不是拥有，也不是成功。事实上，有很多大量拥有且获取巨大成功的人，并不见得就能轻松快乐，就能幸福；而生活轻松快乐，感觉幸福的人，往往是那些心态良好，懂得自我期许，善于珍惜拥有，珍惜生活的人们。再来看看下面这个故事：

曾有一个国王整日郁郁寡欢，于是他就派手下人四处寻找一个懂得快乐的人。这位国王命令道："等你们找到那位快乐的人，就把他带回来。"手下人各处找了好几年,也没找到一个快乐的人,终于有一天,当国王的使者走进一个贫穷的国家时,听到一个人正在放声歌唱。循着歌声,他找到了一个正在田间犁地的人,他问犁地人,"你快乐吗?"

"我没有一天不快乐。"犁地人答道。于是,国王的使者就把他此次使命的意图告诉了犁地人。犁地人不禁大笑起来,他又说道:"我曾因没有鞋子而沮丧,直到我在街上遇见一个无腿的人。"

苦难和幸福是相对的,可以在不同的条件下增减或者转变。要想让一个苦难的人觉得更加悲苦,不妨将他置身于一群少有苦难、过得比他幸福的人身边;反过来,若见过远过于自身失意的

人并深有所感者,他就很容易觉得自己过得幸福快乐。

可以说,追寻轻松快乐不只是我们的使命,也是我们的一项责任。生活悲苦的人不只给自己的生活带来无穷的悲苦,还给自己身边的人带来更多的阴暗与寒凉;同样,生活轻松快乐的人,也不只给自己的生活带来更多的轻松快乐,也会给自己人带来更多的阳光与温暖。多一个悲苦的人,世间便多一分阴暗,多一分寒凉;多一个轻松快乐的人,世间便多了一分阳光,一分温暖。

那么,我们到底该怎样去追寻幸福,保持轻松快乐的心情呢?生活中,有这样一句富有哲理的话:"一切只能靠自己。"的确,改善生活靠我们自己,追寻幸福快乐自然也要靠我们自己。

成 长 智 慧

美国心理学博士凯伦·撒尔玛索恩说:"我们的生活有太多不确定的因素,你随时可能会被突如其来的变化扰乱心情。与其随波逐流,不如有意识地培养一些能使自己快乐的习惯,随时帮助自己调整心情。"事实的确如此,只有这样做,我们才能随时让自己拥有一份轻松快乐的心情。

第六章

快乐是一种心态，快不快乐由自己决定

快乐是一种心态，而不是一种状态。它不是因为我们得到了什么才会出现，而是我们选择了快乐，就会得到快乐。它不需要我们付出多大的努力，做出多大的牺牲，而只需要我们转换个视角，善于发现生活中的美好。如此，快乐才能永恒。

你对自己的态度，决定你的快乐与悲伤

快乐，是人生中最伟大的事！——高尔基

人生在世，总是祸福相依，忧乐相伴，关键是我们如何面对。为什么平时我们很少感到快乐呢？

一是因为我们身在福中不知福，看不到快乐。其实，快乐无时不有，无处不在。你有一份稳定的职业，不为吃穿担忧；你有一个温馨的家庭，可以为你遮风挡雨；你有一个知心的朋友，可以一诉衷肠；甚至夏天喝一杯冷饮，冬天喝一碗热汤，这些都是快乐。然而，我们却常常视而不见，及至忽略了原有的快乐。

二是因为我们欲望太高，"够"不着快乐。有了房子想更宽敞些，有了车子想换个更好的。孩子上学，就业分配，甚至自己的衣着打扮都成了追求的目标，搞得自己整日精疲力竭，焦头烂额。欲望越高，快乐度越低，这样便减少了许多快乐。

三是善于怀旧，多愁善感。人的一生，总免不了风风雨雨，经历错误、挫折乃至失败，有些往往是刻骨铭心的。当这些伤痛时常在我们的脑海中盘旋、萦绕时，就会痛定思痛，平添烦恼和愁苦。当我们无法改变过去已发生的一切，又不能甩掉这个沉重的包袱，并不肯将其搁置到一旁时，便无形中挤走了眼前的快乐。

有这样一个故事，一天清晨，在一列老式火车的卧铺车厢中，

5个男士正挤在盥洗间里洗脸。经过一夜的颠簸,隔日清晨通常会有不少人在这个狭窄的地方做一番漱洗,此时的人们多神情漠然,彼此间也不交谈。

就在此刻,有一个面带微笑的男人走了进来,他愉快地向大家道早安,但是却没有人理会他。之后,当他开始刮胡子时,竟然旁若无人地哼起歌来,神情显得十分愉快。他的这番举动令一些人感到不悦。于是有人冷冷地、带着讽刺的口吻问这个男人道:"喂,你好像很得意的样子吗?"

"是的,你说得没错。"男人如此回答着:"正如你所说的,我是很得意,我真的觉得很愉快。"然后,他又说道:"我是把使自己觉得快乐这件事,当成了一种习惯。"

事实上,这句话确实具有深刻的哲理。不论是幸运还是不幸,

人们心中习惯性的想法往往占有决定性的地位。有一位名人说过："困苦人的日子都是愁苦，心中欢畅的常享丰筵。"这句话是告诫人们应设法培养愉悦之心，并把快乐当成一种习惯，那么，生活将成为一连串的欢宴。

有人问乐观者："假如你一个朋友也没有，你还会高兴吗？""当然，我会高兴地想，幸亏我没有的是朋友，而不是我自己。"

"假如你正行走间，突然掉进一个泥坑，出来后你成了一个脏兮兮的泥人，你还会快乐吗？""当然，我会高兴地想，幸亏掉进的是一个泥坑，而不是无底洞。"

"假如你被人莫名其妙地打了一顿，你还会高兴吗？""当然，我会高兴地想，幸亏我只是被打了一顿，而没有被他们杀害。"

"假如你在拔牙时，医生错拔了你的好牙而留下了你的坏牙，你还会高兴吗？""当然，我会高兴地想，幸亏他错拔的只是一颗牙，而不是我的内脏。"

"假如你在打瞌睡时，忽然来了一个人，在你的面前用极其难听的嗓门唱歌，你还会高兴吗？""当然，我会高兴地想，幸亏在这里号叫的是一个人，而不是一匹狼。"

"假如你马上就要失去生命，你还会高兴吗？""当然，我会高兴地想，我终于走完了人生路，让我随着死神，去参加另一个宴会吧。"

人之所以会感觉自己不快乐，多半是因为心中存有习惯性的不幸想法。而且不幸的想法往往会把一切怨恨、颓丧或憎恶的情绪深深地刻在心底，于是不幸的程度将越来越深。

有一位农夫几乎时时刻刻都在唱歌、吹口哨,并充满幽默感。有人问他:"你快乐的秘诀究竟是什么?"农夫的回答是这样的:"快乐,是我的习惯。"

这位农夫同大多数人并没有太大的不同,不同的是,他让快乐成为一种习惯,而别人的习惯却是无休无止地抱怨。

因此,如果你想获得快乐,首先要养成快乐的习惯。在内心微笑,并使这种感觉成为你生活的一部分。同时为自己创造一个快乐世界,盼望着每一天的到来。即使有乌云遮住了阳光,那也是暂时性的,不久仍然会晴空万里。

成 长 智 慧

痛苦往往不请自来,而快乐往往需要人们去发现,去寻找。你对自己的态度,可以决定你的快乐与悲伤。心存不幸想法的人,会使事情真的变得很糟,而每一天的开始即心存美好的期盼,会使快乐在你身边围绕。

得到是一种快乐，失去也是一种快乐

所谓的"快乐"，是指身体的无痛苦和灵魂的无纷扰。——伊壁鸠鲁

人生本来就是一个充满戏剧性的过程，在得失之间，患得患失的滋味最令人回味无穷。在充满得失的世上，人类生而获得，却无处不失落。既然得失是人生常事，那么，在得与失之间，我们就无须徘徊，更不必苦苦地挣扎，我们应该用一种平常心来看待生活中的得与失。要清楚对自己来说什么是最重要的，然后主动放弃那些可有可无、不触及生命意义的东西，求得生命中最有价值、最必须、最纯粹的东西。要知道，人是不能什么都占为己有的，特别是不该得到的、不属于自己的东西，要主动放弃。不懂得放弃，终将自寻烦恼。

世间万物，从来就不会有绝对的利益，也不会有绝对的害处，得与失也是一样的道理。不能舍弃别人都有的，便得不到别人都没有的，懂得生活的人失去的多，得到的更多。

英国著名诗人约翰·弥尔顿最杰出的诗作是在他双目失明后完成的；德国伟大的音乐家贝多芬最杰出的乐章是在他听力丧失以后创作的；世界级小提琴家帕格尼尼也是个用苦难的琴弦把天才演奏到极致的奇人。被称为"世界文化史上三大怪杰的人"，居然一个是瞎子，一个是聋子，一个是哑巴！他们之所以有那样的成就，正是因为他们有一颗平常心，不计较利害得失。

所以，当你身处逆境时，不要感叹命运多舛。命运向来都是公平的，在这方面失去了，就会在那方面得到补偿。当你感到遗憾失去的同时，可能有另一种意想不到的收获。

得到和失去永远是并存的，关键是如何正确看待得和失这一辩证关系，让自己在失去的同时得到更多的好东西。用赏识的眼光对待得与失，用良好的心态对待得与失，用长远的眼光对待得与失，当你想明白了，想透彻了，你的心会感觉非常轻松快乐。

有这样一则耐人寻味的故事：有个人向三位修行者请教如何才能得道。第一位修行者说："在葡萄园里，我看到枝叶茂盛的葡萄藤上挂着晶莹剔透的葡萄是那么的美丽，到了中午人们摘取后，留下的却是一片破败狼藉的景象，我因此而得道。"第二位修行者说："我坐在池塘边，看到圣洁的莲花在清晨时盛开得非常美丽，到了中午有一群人跳进莲花池洗澡，一会儿工夫就把莲花踩躏殆尽，我因此而得道。"第三位修行者说："夏季的每天清晨我在水边静坐，看到小溪里的鱼儿自由自在地游来游去，可是，到了中午，渔民们拿了网子，用诱饵把这些可爱的鱼儿全捕到了网中，我因此而得道。"

这个人在回家的途中仔细品味着这三位修行者的话，当他路过海边时，发现沙滩上堆了许多沙堡。没多久，一浪又一浪的潮水涌上岸来，当潮水退去时，先前的那些沙堡已经消失得无影无踪。这时他恍然大悟："原来世上的许多事物，不论费尽多大的心机，花了多大的力气，即使能够拥有，也都是暂时的。"

所以，在生活中，有舍就有得，舍就是失去，就意味着放弃；得就是退一步海阔天空的超越。在这个物欲横流的经济社会里，大多数人都乐于得而痛于失。得到了就心满意足，沾沾自喜，喜形于色；失去了就沮丧不已，自我消沉。其实，失去是一种痛苦，也是一种快乐，因为失去的同时也在得到。

有些人，在获得成功后，就拥有了高级别墅或者豪华住宅，但他们的内心却陷入了空虚、寂寞和无聊，以至精神崩溃。所以，得到并不一定是好事，失去也并不一定是坏事，因为在失去中始终蕴藏着生机，需要你去细心观察发现。这些都告诉了我们一个道理：得到是一种快乐，失去是另一种快乐。

所以，正确地看待得与失，则是一种聚精会神的认得，是一种乘风破浪的取得，是一种专心致志的自得，是一种脚踏实地的忍得，是一种集思广益的博得。

成 长 智 慧

得是你付出后的惊喜，但你必须要用心去珍惜；失是你疏忽后的惊讶，但你必须要用情去珍视。得了，请你不要招摇过市、沾沾自喜地飘飘然起来；失了，也请你不要灰心丧气、放任自流地消沉下去。得与失，都是要你知道如何把持自己宠辱不惊、从容不迫的态度。

快乐是一种选择,选择权属于你自己

快乐不在于事情,而在于我们自己。——理查德·瓦格纳

人不仅要在重大的人生际遇面前学会选择,而且在生活中的每一天,甚至在处理每件事时都要面对如何选择的问题。一个单位分房子,有两个资历差不多的同事都分到了8楼,因为没有电梯,孩子又小,生活多有不便,而有的比他们资历差却分到了三四层的好楼层。其中一个同事身体本来很健壮,但因为心里不平衡,不但拿老婆孩子出气,还经常到单位领导那里大吵大闹,搞得上下级关系很紧张,自己也气病了一场。另一个同事本来身体较弱,但心态较好,他不但不抱怨,还把每天爬楼梯当成锻炼身体的好机会,不但自己爬,还带着刚会走路的孩子每天练习爬楼梯,结果坏事变好事,自己的身体好了,孩子的身体也强壮了。两种选择也是两种结局。

世界上没有绝对快乐的人,只有不肯快乐的心。快乐藏在你做每件事的态度中。事实上,你可以选择自己是否快乐。只要你掌好自己的心舵,就会驶向快乐的海洋。

有位主持人请了一个老人做他节目的嘉宾。这位来宾的确是位少见的老人。他讲话的内容使他魅力四射,不管他说什么,听起来总是特别贴切,毫不做作,观众都非常喜欢他。主持人显然对这位老人的印象极佳，像观众一样享受着老人带来的欢乐。

最后，主持人禁不住问这位老人："你一定有什么特别的快乐秘诀吧？"

"没有，"老人回答道，"我没有什么了不起的秘诀。我快乐的秘诀非常简单，每天当我起床的时候我有两个选择——快乐和不快乐，不管快乐与否，时间仍然不停地流逝，我当然会选择快乐，这就是我的秘诀。"

这个解释听起来似乎过于简单，而且这个老人看起来也不是那么深沉，但是他的意思和林肯说过的一样：人们的快乐不过就跟他们的决定一样罢了。你可以不快乐如果你想要不快乐。你可以告诉自己所有的都不顺心，没有什么是令人满意的，这样，你肯定不快乐，但是，如果你要快乐，尽管告诉自己："一切都进行得很顺利，生活过得很好，我选择快乐。"那么，可以确定的是你的选择会变成现实。

一家公司招聘策划总监，应聘者云集，考核也异常严格。层层筛选后，最后只剩下3个佼佼者。最后一次考核前，3个应聘者被分别封闭在一间被监控的房间里，房间里各种生活用品、家用电器一应俱全，但没有电话，不能上网，3个人的手机也都被收走了。考核方没有告知3个人具体要做什么，只是说，让几个人耐心等待考题的送达。

最初的一天，3个人都过得很悠闲，他们看看书报，听听音乐，只是在做饭的时候，都因为不太擅长而出现了一些小问题，但手忙脚乱中3个人都快乐地吃完了饭。

第二天，情况开始出现了不同。因为迟迟等不到考题，有人变得烦躁起来,有人不断地更换着电视频道,把书翻来翻去……只有1个人,还跟随着电视剧的情节快乐地笑着,津津有味地看书、做饭、吃饭,踏踏实实地睡觉……

5天后,考核方终于将3个人请出了房间,那2个焦躁的应聘者已经形容枯槁,只有那个始终快乐的应聘者还依然神采奕奕。就在3个应聘者凝神静气等待主考官出最后的考题时,主考官说出了考核的最终结果,那个能够坚持快乐生活的人被聘用了。

主考官对3个同样诧异的应聘者解释道:"快乐是一种选择,能够在任何环境中都保持一颗快乐的心灵,可以更有把握地走近成功!"

快乐其实就在我们身边,关键是看你如何把握。有的人总把快乐寄托于未来,整日忙忙碌碌,无暇享受生活中的快乐。其实,调整好心态,学会正确选择,快乐就会时常陪伴你。

成长智慧

快乐是什么?不同的人有不同的回答,有的人说快乐是一种满足,有的人说快乐是一种刺激,还有的人说快乐是财富、成功、鲜花和荣誉等。其实真正的快乐是一种心境,是一种为营造和保持某种心境做出的正确选择。

生活需要轻载,简单就是快乐

人们需要快乐,就像需要衣服一样。——格雷厄姆

现代人的生活节奏越来越快,于是大家越发渴望一份快乐和轻松,一份自然和宁静。可一颗颗浮躁的心往往使这并不过分的渴望成为奢望,于是生活显得如此沉重。

西方有一位哲学家讲过这样一个故事。一个病入膏肓、仅剩数周生命的女人,整天担心死亡的到来,心情沮丧到了极点。哲学家就安慰她说:"你为什么不用剩下的时间考虑如何快乐地度过你的余生呢?"女人听了很不高兴,但她还是慢慢地领悟出哲学家话中的含义。她说:"我一直都在想着怎么死,完全忘了该怎么活了。"

一星期后,那妇人还是去世了,她在死前充满感激地对这位哲学家说:"这个星期,我活得比前一阵子快乐多了。"

我们每个人都有压力,压力是一种负担,也是一种责任,但过重的压力会阻止我们前行,我们应把过多的负担舍去,只有轻装上路才能走得更轻快。不要过多苛求什么,该放弃的就要放弃,只有这样才能快乐。

以前的经历可成为我们以后的借鉴,但我们不可因此背上包袱,我们还有很长的路要走。丢掉那些失败、哭泣、烦恼,轻轻松松上路，你会越走越快，越走越快乐，路也越走越宽。

工作或生活上的失误，往往会给人造成心理负担。旁人的吹毛求疵、说三道四，加上身边缺少可以倾诉的对象，更容易使人无力自拔，形成无形的压力。在这种环境里，人们的情感、行为相互作用，思路往往朝着一个方向，容易造成情绪波动或行为偏激。

生活中，人们总是习惯于做加法。从小到大，学业增加，事业增加，财富增加，名望增加……使得我们的思想包袱也不断加重。特别是在这个信息发达、物质丰富的年代里，我们的思想包袱已被装得太多太重了，压得我们疲惫不堪，弄得我们痛苦万分，

累得我们体弱多病，使得我们远离快乐，甚至有的人因思想包袱过重而患上了精神疾病或走上了轻生路。因此，在人生中，我们不要只做加法，也要懂得做减法，并且应该善于做减法。

那些常常抱怨自己不幸的人，总是用沉重的欲望迷惑自己，总是看到自己还不曾拥有的东西。其实，这些人应该静下心来，放下心灵负担，仔细品味自己已经拥有的一切，学会欣赏自己的每一次成功、每一点拥有。这样就不难发现，自己竟然有那么多值得别人羡慕的地方，快乐之神已在向自己频频招手。

沉重的思想包袱会使人身心受损。当我们的思想背上了沉重的包袱，就会患得患失，难以成功。比如，运动员参加体育比赛时，如果不能放下思想包袱就难以发挥自己的正常水平；学生参加考试，如果不放下思想包袱就容易紧张，甚至发挥失常。

一个思想包袱沉重的人，常常寝食难安，无心享受美味佳肴，无暇欣赏美丽景色，无法感受人间真情。我们只有放下思想包袱，才能感到人间的美好，才能获得人生的快乐。

成 长 智 慧

对于行路人而言，背负的东西越少，脚步越轻盈；对于思索者而言，放下包袱，才能天马行空；对于创业者而言，尽早走出失败的阴影，走出一切纷纷扰扰，轻装上阵，才能有未来。

计较得少一点儿,快乐就会多一点儿

最幸福的似乎是那些并无特别原因而快乐的人,他们仅仅因快乐而快乐。——拉尔夫·英奇

无论是在工作还是在生活中,你都可以听到这样的声音:我工作那么努力,老板却给我那么少的薪水;我为她付出了那么多,她怎么就不知道回报我一点儿呢?小王昨天说的那句话,是针对我的吗?我有什么地方对不住他吗?……诸如此类的话,也许我们也曾经说过。

生活中,有很多这样的人,他们总是抱怨自己过得不好,不如别人快乐,因此,他们总是处于一种不开心的状态。其实,世界上快乐的人,不是拥有得太多,而是计较得很少。不是你的烦恼太多,而是你的胸襟不够开阔。敞开你的胸怀,你会发现,原来世界这么美好!

人们常说:"量小非君子,无度不丈夫。"一个人只有懂得包容才能不断壮大,才能吐故纳新,生生不息。

关于人的胸怀,有这么一个故事:在印度有一位著名的哲学大师,在他的众多弟子中,有一个弟子经常牢骚满腹,怨天尤人,不是抱怨别人对他不好,就是抱怨饭菜不合口味。哲学大师为了开导这个鼠肚鸡肠、心胸狭窄的弟子,就叫他到市场中去买盐。

盐买回来之后，大师吩咐这个每天都不快活的弟子将一把盐放在一杯水中，然后喝下。"味道如何？"大师问。这位弟子皱着眉头说："咸得发苦。"大师又叫他抓一把盐放在缸中，再叫他尝尝味道，弟子说："有一点点咸。"大师又吩咐弟子把剩下的盐都撒进附近的湖里，然后又叫弟子品尝，弟子捧了一口湖水尝了尝，大师问道："什么味道？""好像一点儿咸味也没有。"弟子答道。

哲学大师趁机教导这位弟子说："一个人生活中的不快和痛苦，就像这盐的咸味。我们所能感觉和体验的程度取决于我们将它放在多大的容器里，所以，当你处于痛苦时，请放开你的胸怀。"

是的，你的胸怀就是你生活中的容器。当你感觉命运对你不公的时候，当你慨叹世态炎凉的时候，当你对生活感到不尽如人意的时候，当你工作中感到烦恼不顺的时候，你就要不断地放开自己的胸怀。在宽广的胸怀里，一切不快和痛苦都显得那么微不足道；在宽广的胸怀里，你将会活得很轻松，过得很快乐。

第二次世界大战结束后不久，在一次大选中，丘吉尔落选了。他是位名扬四海的政治家，对他来说，落选当然是件极狼狈的事，但他却极为坦然。当时他正在自家的游泳池里游泳，是秘书气喘吁吁地跑来告诉他："不好了，丘吉尔先生，您落选了。"不料丘吉尔听了却爽朗地一笑说："好极了，这说明我们胜利了，我们追求的就是民主，民主胜利了，难道不值得庆贺吗？朋友，劳驾，把毛巾递给我，我该上来了。"丘吉尔是那么从容，那么理智，表现了极宽容豁达的大政治家的风范。

一个人如果真的拥有了比海洋和天空还要宽广的胸怀，那他无论遇到什么难题，都会想得通，都会正确地对待和处理。以宽宏大度的态度去对待别人，是一种美德、一种风度、一种仁爱无私的境界。

世界由矛盾组成，任何人或事情都不会尽善尽美。无论是"患难之交""亲朋好友"，还是"金玉良缘""模范丈夫"，都是相对而言。不必羡慕人家，不要苛求自己，常用开阔的眼光看世界，事业、家庭和友谊才能稳固和长久。

成 长 智 慧

同事的批评、朋友的误解，过多的争辩和反击都不足取，唯有冷静、忍耐、谅解最重要。相信这句名言："宽容是在荆棘丛中长出来的谷粒。"能退一步，天地自然宽。

结束语

古往今来,历史上许多伟人大都有着乐观的生活态度。如英国诗人弥尔顿,他一生经历了无数磨难,经受过双目失明、朋友弃他而去、生活曾一度陷入极端困境的打击,但他总是能以乐观的精神和不屈不挠的意志,渡过一个又一个难关。

在我们的一生中,挫折、逆境是无法避免的,我们唯一能做到的,便是改变自己的心态。再苦也要笑一笑,在困难中微笑的人对生活、对生命是充满希望的。苦难面前笑一笑,是另一种坚强,而命运就是喜欢永远微笑的人。

困难中的微笑,是一枝迎风傲雪的梅花,苦寒不怕;困难中的微笑,是乘风破浪的水手,风雨兼程。也许人的一生都不能摆脱掉挫折和痛苦的遭遇,但我们若能正确地认识自己的挫折和痛苦,信念不倒,始终努力进取,那么,就能战胜一切苦难。

不要让困难打倒自己,我们要学会微笑着回击困难。一个热爱生命的人,会把困难看作是一种磨砺,在与苦难抗争的同时,人性的光芒也会愈加鲜明。人生没有什么好怕的,再苦也要笑一笑。

在人生的这场大雨中,如果没有伞,请带着微笑努力奔跑!